文库 吉

丛书主编

郑毅

吉林分巡道造送
会典馆清册

曹殿举 标点

吉林文史出版社

图书在版编目（CIP）数据

吉林分巡道造送会典馆清册 / 曹殿举标点. -- 长春:
吉林文史出版社, 2020.11
　（长白文库）
　ISBN 978-7-5472-7385-2

　Ⅰ.①吉… Ⅱ.①曹… Ⅲ.①公文—汇编—中国—清
代 Ⅳ.①K250.63

中国版本图书馆CIP数据核字(2020)第216367号

吉 林 分 巡 道 造 送 会 典 馆 清 册
JILIN FENXUNDAO ZAOSONG HUIDIANGUAN QINGCE

出 品 人：张　强
标　　点：曹殿举
丛书主编：郑　毅
责任编辑：程　明　戚　晔
装帧设计：尤　蕾
出版发行：吉林文史出版社有限责任公司
电　　话：0431-81629369
地　　址：长春市福祉大路出版集团A座
邮　　编：130117
网　　址：www.jlws.com.cn
印　　刷：吉林省优视印务有限公司
开　　本：170mm×240mm　1/16
印　　张：8.75
字　　数：100千字
版　　次：2020年11月第1版　2020年11月第1次印刷
书　　号：ISBN 978-7-5472-7385-2
定　　价：78.00元

《长白文库》总序

　　中华优秀传统文化是中华民族的"根"和"魂"，习近平总书记高度重视中华优秀传统文化，并将其作为治国理政的重要思想文化资源。"不忘本来才能开辟未来，善于继承才能更好创新。""优秀传统文化是一个国家、一个民族传承和发展的根本，如果丢掉了，就割断了精神命脉。"中华优秀传统文化具有多样性和地域性等特征，东北地域文化是多元一体的中华文化中的重要组成部分。吉林省地处东北地区中部，是中华民族世代生存融合的重要地区，素有"白山松水"之美誉，肃慎、扶余、东胡、高句丽、契丹、女真、汉族、满族、蒙古族等诸多族群自古繁衍生息于此，创造出多种极具地域特征的绚烂多姿的地方文化。为了"弘扬地方文化，开发乡邦文献"，自20世纪80年代起，原吉林师范学院李澍田先生积极响应陈云同志倡导古籍整理的号召，应东北地区方志编修之急，服务于东北地方史研究的热潮，遍访国内百余家图书馆寻书求籍，审慎筛选具有代表性的著述文典 300 余种，编撰校订出版以《长白丛书》（以下简称《丛书》）为名的大型东北地方文献丛书，迄今已近 40 载。历经李澍田先生、刁书仁和郑毅两位教授三任丛书主编，数十位古籍所前辈和同人青灯黄卷、兀兀穷年，诸多省内外专家学者的鼎力支持，《丛书》迄今已共计整理出版了 110 部 5000 余万字。《丛书》以"长白"为名，"在清代中叶以来，吉林省疆域迭有变迁，而长白山钟灵毓秀，蔚然耸立，为吉林名山，从历史上看，不咸山于《山海经·大荒北经》中也有明确记录，把长白山当作吉林的象征，这是合情合理的。"（《长白丛书》初版陈连庆先生序）

1983 年吉林师范学院古籍研究所（室）成立，作为吉林省古籍整理与研究协作组常设机构和丛书的编务机构，李澍田先生出任所长。全国高校古籍整理工作委员会、吉林省教委和省财政厅都给予了该项目一定的支持。李澍田先生是《丛书》的创始人，他的学术生涯就是《丛书》的创业史。《丛书》能够在国内外学界有如此大的影响力，与李澍田先生的敬业精神和艰辛努力是分不开的。《丛书》创办之始，李澍田先生"邀集吉、长各地的中青年同志，乃至吉林的一些老同志，群策群力，分工合作"（初版陈序），寻访底本，夙兴夜寐逐字校勘，联络印刷单位、寻找合作方，因经常有生僻古字，先生不得不亲自到车间与排版工人拼字铸模；吉林文史出版社于永玉先生作为《丛书》的第一任责编，殚精竭虑地付出了很多努力，为《丛书》的完成出版做出了突出贡献；原古籍所衣兴国等诸位前辈同人在辅助李澍田先生编印《丛书》的过程中，一道解决了遇到的诸多问题、排除了诸多困难，是《丛书》草创时期的重要参与者。《丛书》自20世纪80年代出版发行以来，经历了铅字排版印刷、激光照排印刷、数字化出版等多个时期，《丛书》本身也称得上是改革开放以来中国印刷史的见证。由于《丛书》不同卷册在出版发行的不同历史时期，投入的人力、财力受当时的条件所限，每一种图书的质量都不同程度留有遗憾，且印数多则千册、少则数百册，历经数十年的流布与交换，有些图书可谓一册难求。

1994年，李澍田先生年逾花甲，功成身退，由刁书仁教授继任《丛书》主编。刁书仁教授"萧规曹随"，延续了《丛书》的出版生命，在经费拮据、古籍整理热潮消退、社会关注度降低的情况下，多方呼吁，破解困局，使得《丛书》得以继续出版，文化品牌得以保存，其功不可没。1999年原吉林师范学院、吉林医学院、吉林林学院和吉林电气化高等专科学校合并组建为北华大学，首任校长于庚蒲教授力主保留古籍所作为北华大学处级建制科研单位，使得《丛书》的学术研究成果得以延续保存。依托北华大学古籍所发展形成的专门史学科被学校确定为四个重点建设学科之一，在东北边疆史地研究、东北民族史研究方面形成了北华大学的特色与优势。

2002年，刁书仁教授调至扬州大学工作，笔者当时正担任北华大学图书馆馆长，在北华大学的委托和古籍所同人的希冀下，本人兼任古籍所所长、《丛书》主编。在北华大学的鼎力支持下，为了适应新时期形势的发展，出于拓展古籍研究所研究领域、繁荣学术文化、有利于学术交流以及人才培养工作的实际需要，原古籍研究所改建为东亚历史与文献研究中心，在保持原古籍整理与研究的学术专长的同时，中心将学术研究的视野和交流渠道拓展至东亚地域范围。同时，为努力保持《丛书》的出版规模，我们以出文献精品、重学术研究成果为工作方针，确保《丛书》学术研究成果的传承与延续。

在全方位、深层次挖掘和研究的基础上，整套《丛书》整理与研究成果斐然。《丛书》分为文献整理与东亚文化研究两大系列，内容包括史料、方志、档案、人物、诗词、满学、农学、边疆、民俗、金石、地理、专题论集 12 个子系列。《丛书》问世后得到学术界和出版界的好评，《丛书》初集中的《吉林通志》于 1987 年荣获全国古籍出版奖，三集中的《东三省政略》于 1992 年获国家新闻出版总署全国古籍整理图书奖，是当年全国地方文献中唯一获奖的图书。同年，在吉林省第二届社会科学成果评奖中，全套丛书获优秀成果二等奖，并被国家新闻出版总署列为"八五"计划重点图书。1995 年《中国东北通史》获吉林省第三届社会科学优秀成果二等奖。2005 年,《同文汇考中朝史料》获北方十五省（市、区）哲学社会科学优秀图书奖。

《丛书》的出版在社会各界引起很大反响，与当时广东出现的以岭南文献为主的《岭南丛书》并称国内两大地方文献丛书，有"北有长白，南有岭南"之誉。吉林大学金景芳教授认为"编辑《长白丛书》的贡献很大，从《辽海丛书》到《长白丛书》都证明东北并非没有文化"。著名明史学者、东北师范大学李洵教授认为："《长白丛书》把现在已经很难得的东西整理出来，说明东北文化有很高的水准，所以丛书的意义不只在于出了几本书，更在于开发了东北的文化，这是很有意义的，现在不能再说东北没有文化了。"美国学者杜赞奇认为"以往有关东北方面的材料，利用日文资料很多。而现在中文的《长白丛书》则很有利于提高中国东北史的研究"（《长白丛书》出版十周年纪念会上的发言）。中国社会科学院边疆史地研究中心主任厉声研究员认为："《长白丛书》已经成为一个品牌，与西北研究同列全国之首。"（1999 年 12 月在《长白丛书》工作规划会议上的发言）目前，《长白丛书》已被收藏于日本、俄罗斯、美国、德国、英国、加拿大、澳大利亚、韩国及东南亚各国多所学府和研究机构，并深受海内外史学研究者的关注。

为了更好地传承和弘扬优秀地域文化，再现《丛书》在"面向吉林，服务桑梓"方面的传统与特色，2010 年前后，我与时任吉林文史出版社社长的徐潜先生就曾多次动议启动出版《长白丛书精品集》，并做了相应的前期准备工作，后因出版资助经费落实有困难而一再拖延。2020 年，以十年前的动议与前期工作为基础，在吉林省省级文化发展专项资金的资助下，北华大学东亚历史与文献研究中心与吉林文史出版社共同议定以《长白丛书》为文献基础，从《丛书》已出版的图书中优选数十种具有代表性的文献图书和研究著述合编为《长白文库》加以出版。

《长白文库》是在新的历史发展时期对《长白丛书》的一种文化传承和创新，《长白丛书》仍将以推出地方文化精华和学术研究精品为目标，延续东北地域文化的文脉。

《长白文库》以《长白丛书》刊印40年来广受社会各界关注的地方文化图书为入选标准，第一期选择约30部反映吉林地域传统文化精华的图书，充分展现白山松水孕育的地域传统文化之风貌，为当代传统文化传承提供丰厚的文化滋养，是一件功在当代、利在千秋的文化盛举。

盛世兴文，文以载道。保存和延续优秀传统文化的文脉，是人文社会科学研究者的社会责任和学术使命，《长白丛书》在创立之时，就得到省内外多所高校诸多学界前辈的关注和提携，"开发乡邦文献，弘扬地方文化"成为20世纪80年代一批志同道合的老一辈学者的共同奋斗目标，没有他们当初的默默耕耘和艰辛努力，就没有今天《长白丛书》这样一个存续40年的地方文化品牌的荣耀。"独行快，众行远"，这次在组建《长白文库》编委会的过程中，受邀的各位学者都表达了对这项工作的肯定和支持，慨然应允出任编委会委员，并对《长白文库》的编辑工作提出了诸多真知灼见，这是学界同道对《丛书》多年情感的流露，也是对即将问世的《长白文库》的期许。

感谢原吉林师范学院、现北华大学 40 年来对《丛书》的投入与支持，感谢吉林文史出版社历届领导的精诚合作，感谢学界同人对《丛书》的关心与帮助！

郑　毅

谨序于北华大学东亚历史与文献研究中心

2020 年 7 月 1 日

目　　录

疆　域 _{附说}

吉林省

西至京师二千三百里，东西距二千二百余里，南北距一千三百余里。东至宁古塔之乌札库边卡喀字界牌一千五百四十里中俄新界，西至伊通州之威远堡门五百六十里奉天开原县界，南至鸭绿江九百余里朝鲜界，北至双城厅之报马屯六百里江北黑龙江呼兰厅界，东南至珲春之长岭一千二百余里中俄新界，东北至富克锦之乌苏里卡伦耶字界牌二千五百里中俄新界，西南至额尔敏河五百余里奉天界，西北至伯都讷之伯德讷站六百四十余里江北黑龙江与蒙古廓尔罗斯界。

吉林府

治省会，西至京师二千三百里，东西距四百九十里，南北距五百余里。东至张广才岭二百七十五里敦化县界，西至石头河子二百三十里伊通州界，南至围荒三百余里奉天界，北至法特哈边门一百八十里伯都讷厅界，东北至舒兰荒耘字四牌一百八十里五常厅界，西南至太阳川二百十里伊通州界，西北至小河台二百十五里长春府界。

伊通州

在府西，西至京师二千二十里，东至府二百八十里，东西距三百三十里，南北距一百三十里，东至石头河子五十里府界，西至威远堡门二百八十里奉天开原县界，南至新屯三十五里府界，北至伊通门九十五里长春府界，东南至三道沟五十余里府界，东北至小河台边壕一百三十里府界，西南至黑瞎子背岭三十八里奉天围场界，西北至二十家子边壕九十五里奉天怀德县界。

磨盘山州同

在州东，南至州二百六十五里，东至夹信子二百四十里吉林府界，西至金眼屯八十里奉天海龙厅界，南至栾家屯七十里奉天海龙厅界，北至金家屯九十里吉林府界，东南至那尔轰岭一百九十里吉林府界，东北至新安屯一百十里吉林府界，西南至亮子河四十里奉天海龙厅界，西北至大宛屯一百九十里吉林府界。

按：磨盘山州同辖于伊通州，例不能另列，然按其四至八到，均与吉林府奉天海龙厅接壤，是伊通州华离之地也，不为分条详载，伊通州之经界未明。因稍变其例，另载磨盘山州同四至八到，附于伊通州下，并低格而书，以示区别。至若山镇水道，仍载伊通州门，以归一律。

敦化县

在府东南，西至京师二千八百里，西北至府五百里，东西距三百四十里，南北距三百里。东至马鹿沟一百十里宁古塔界，西至舣舰岭一百八十里府界，南至大秫秸垛岭一百四十里岭东珲春荒山府界，北至洋白山一百六十里五常厅界，东南至哈尔巴岭一百里珲春界，东北至都林河一百四十里宁古塔界，西南至帽儿山一百二十里府界，西北至张广才岭二百二十里府界。

长春府

在省西北，西至京师二千一百八十里，至省二百四十里，东西距三百二十里，南北距一百七十五里。东至松花江二百六十五里江东岸伯都讷厅界，西至白龙驹五十里奉天昌图府界，南至伊通河五十五里伊通州界，北至两仪门一百二十里农安县界，东南至望波山二百八十里以东伯都讷厅界，东南吉林府界，东北至江沿红石砬三百里以东伯都讷厅界，以北农安县界，西南至伊通边门五十五里以南伊通州界，以西昌图府界，西北至双城堡一百十里以西昌图府界，以北农安县界。

农安县

在府北，西至京师二千三百里，至府一百四十里，东西距三百四十里，南北距九十二里。东至红石砑子一百三十里过江伯都讷厅界，西至糜子厂二百十里蒙古廓尔罗斯界，南至两仪门十二里府界，北至张家店八十里蒙古廓尔罗斯界，东南至常家店五十里府界，东北至八里营一百里江北伯都讷厅界，西南至八宝户一百八十里奉天怀德县界，西北至夏家窝堡一百十里蒙古廓尔罗斯界。

伯都讷厅

在省北，西至京师二千五百里，南至省二百七十里，东西距四百二十里，南北距一百七十里。东至兰棱河六十里五常厅界，西至三岔河三百六十里蒙古廓尔罗斯界，南至巴延鄂佛罗门一百八十里吉林府界，北至拉林河八十里双城厅界，东南至凉水泉一百里吉林府界，东北至拉林河一百里五常厅界，西南至松花江七十里农安县界，西北至伯德讷站松花江渡口四百余里黑龙江与蒙古廓尔罗斯界。

五常厅

在省北，西至京师二千二百六十里，至省三百六十里，东西距二百十二里，南北距二百三十五里。东至分水岭宁古塔界，西至拉林河十二里伯都讷厅界，南至张广才岭二百里吉林府界，东南至金马川一百二十里敦化县界，东北至帽儿山二百里宾州厅界，西南至长寿山一百里伯都讷厅界，西北至拉林河三十五里伯都讷厅界。

宾州厅

在省北，西至京师三千一百里，南至省六百三十里，东西距四百三十里，南北距二百六十里。东至玛琏河二百四十里三姓界，西至庙台子沟一百九十里双城厅界，南至帽儿山二百里五常厅界，北至松花江六十里黑龙江呼兰厅界，东南至东亮子河以南三百余里宁古塔界，东北至黄鱼圈一百七八十里江北三姓界，西南至古城店一百七十里双城厅界，西北至东马厂一百里黑龙江呼兰厅界。

双城厅

在省北，西至京师二千八百里，至省五百里，东西距二百四十里，南北距一百四十里。东至兴隆沟一百三十里宾州厅界，西至对面城拉林河一百十里伯都讷厅界，南至望山屯莫勒恩河五十里伯都讷厅界，北至报马屯九十里过江黑龙江呼兰厅界，东南至凉水泉子一百八十里吉林府界，东北至四方台一百三十里黑龙江呼兰厅界，西南至白土崖子一百里伯都讷厅界，西北至宋家崴子一百里伯都讷厅界。

宁古塔

在省东，西至京师三千一百里，至省八百里，东西距九百余里，南北距六百余里。东至松阿察边卡七百余里中俄新界，西至都林河二百十里敦化县界，南至嘎哈哩河三百余里珲春界，北至阿穆兰河三百里三姓界，东南至芬水岭五百余里中俄新界，东北至和图河七百余里中俄新界，西南至狍子沟二百余里敦化县界，西北至海兰河源二百余里宾州厅界。

三　姓

在省东北，西至京师三千五百里，至省一千二百里，东西距四百三十里，南北距四百余里。东至音达木河佳木司二百十余里富克锦界，西至玛琏河舰舻泡二百二十余里宾州厅界，南至三道河口二百八十余里宁古塔界，北至松花江北岸古穆讷城一百二十余里黑龙江界，东南至穆棱河蜂蜜山六百里，南与宁古塔东为中俄新界，东北至汤旺河一百三十里黑龙江界，西南至占哈达三百里宾州厅界，西北至松花江北岸卜雅密河三百里河西黑龙江界。

珲　春

在省南，西北至京师三千三百余里，至省一千一百余里，东西距二百五十里，南北距三百余里。东至萨字界牌二百二十里中俄新界，西至图们江三十余里朝鲜庆源府界，南至图们江土字界牌八九十里海界，北至老松岭二百二十里宁古塔界，东南至长岭俄卡三十余里中俄新界，东北至通肯山拉字界牌三百余里东为中俄新界，北与宁古塔界，西南至长白山石乙水七八百里及千里朝鲜界，西北至哈尔巴岭三百余里敦化县界。

富克锦

在省东北，西至京师三千九百余里，至省一千七百里，东西距一千里，南北距五百余里。东至莫力洪库二百里混同江东北岸中俄新界，西至音达木河三百二十里三姓界，南至穆棱河蜂密山五百余里宁古塔界，北至混同江二十里黑龙江界，东南至尼满卡伦八百余里中俄新界，东北至乌苏里河口七百余里中俄新界，西南至黑山四百里三姓界。

谨按《通志》，吉林旧界，东至海三千余里，东北至赫哲、费雅喀三千余里海界。宁古塔东至海三千余里，东北至赫哲、费雅喀三千余里海界。珲春旧界，东至海二百八十里，东南至海一百三十里。今自宁古塔东行至乌札库边卡七百余里，又东行至松阿察河白棱河三百里，又东至海滨千余里，此宁古塔东至海旧界，亦即吉林东至海三千余里旧界。又吉林东北自三姓至富克锦五百余里，又东北至乌苏里河口七百余里，又东北自伯利（俄名克博诺付克）顺混同江至庙尔（俄名聂格来斯克）二千余里，此吉林东北至赫哲、费雅喀旧界，亦即宁古塔东北至海旧界。又珲春东至海参崴（俄名那吉洼斯克）四百里，又东至西浪河三百余里，此珲春东至海滨旧界。以是计之，吉林宁古塔东北至海滨实四千余里，《通志》谓三千余里，约略言之耳。珲春东至海实七百余里，《通志》云一二百里，近而言之耳。盖自咸丰八年爱珲之约定，凡乌苏里河口顺混同江东北，至海滨二千余里旧界，属于俄，而以乌苏里河口为中俄新界矣。咸丰十一年北京之约定，凡乌苏里河口溯流至白棱河、松阿察河，逾兴凯湖而至瑚布图河口，顺珲春河至图们江口以东旧界，属于俄，而以乌札库边卡瑚布图河口为中俄新界矣。光绪十二年黑顶子界勘定，珲春之海口属于俄，而以图们江口内去海三十里土字界牌为中俄新界矣。海滨万里，部落犹昔，人民他属，志其旧疆，俾可按图而索焉。

光绪十八年二月

镇 集

吉林府

府属市集十八：城东额赫穆站集，拉法站集，退抟站集；西为蒐登站集，一拉溪集，岔路河集，伊勒门站集，苏瓦延站集；西北桦皮厂集，七台木集，木石河集，上河湾集，段家屯集，波泥河子集；北为金珠站集，乌拉街、舒兰站集，法特哈站集。惟苏瓦延、岔路河、法特哈三集，约有五百余家。

由城而东，自泥什哈屯至额勒赫，计十二屯。折而东南，由龙潭山至海清沟，曰存俭社，计十甲。自海清沟折而东北，曰农字一牌，夫字二牌，耕字三牌，耘字四牌此四牌系以前所放之荒。迤南由温德河子至三家子，为兴让社，计十甲。又所管荒界，为博文、笃行、允信、勤理、勤治五社。西南为忠信、文行、诚忠、崇礼、敦厚、勤俭、耕读七社此十二社系后放之荒。西折由欢喜岭至石头河子为诚信社，计二十三甲。西北为尚礼社，计十四甲；克勤社计十甲。直北由玄天岭至法特哈门为永智社，计二十三甲。

伊通州

州属镇一、市集二十一：城东驿马站集，西为大孤山集，小孤山集，赫尔苏集，火石岭集，英额卜港集，叶赫站集；莲花街西北为马鞍山集，靠山屯集，景家台集，五台子集，二十家子集，四台子集，下三台集，半拉山门集，下二台集；北为大南屯集，勒克山集；州属东南围荒曰朝阳山集，磨盘山镇距城二百里州同驻之，苏密城集。

由城东伊巴丹站西至大孤山为诚信社，计四甲。自大孤山西至威远堡门为由义社，计十甲。又东北至大南屯、勒克沟口屯、景家台、五台子折而西南，自满涨沟至臭水甸子，为尚礼社，计十六甲此三社系州属管辖旧界。东南自板石屯至大安屯，曰温恭社，计三甲。由大安屯东南至老牛屯，曰驭宽社，计三甲。由老牛屯东南至细麟河曰崇信社，计三甲。由细鳞河东南至松树顶子为智敏社，计三甲。由松树顶子东南至奉恩屯为仁惠社，计三甲此五社系新放围荒。

敦化县

县届城东敖东乡计六牌，沙镇乡计十四牌。南为怀德乡计六牌。西为城山乡计十二牌。西北义其乡计七牌额穆赫索罗佐领衙门正白旗随缺，在义其乡管界之内。东北为东关乡计十四牌。

长春府

府属镇一、市集十九：城东东卡伦集，挖铜沟集，双庙子集，东城子集，大青嘴集，岔路口集；南为新立城集，迤西白龙驹集；北为烧锅集，双城堡集，小合隆集；北东万宝山集，包家沟集，朱家城子镇距府一百十里照磨驻之，双山子集，郭家屯集，太平庄集，十二马架子集，大房身集，张述口集。

府城在全境之西南，为互裕乡，计九甲，屯十二。乡之西北夹荒，计三甲，屯六。迤东为抚安乡，计十一甲，屯二十。东北为沐德乡，计九甲，屯十二。又东北为怀惠乡，计七甲，屯十二。又木石河、东夹信子，计二甲，屯十。

农安县

县属市集八：城东万金塔集，西为龙头山集，北为哈拉海城子集，西北巴家垒集，加各苏台集，太平山集，北东高家店集，靠山屯集。自城而东为农康、农惠、农和、农裕、农乐、农勤六社，南为农祥社，西为农治、农平、农略三社，农俭、农丰二社在其北。

伯都讷厅

厅属市集二十：城东北曰团林子集，大岭集，青山堡、四合城集，向阳泡集；东南曰新立屯集，兴隆镇集，土桥集，黑林子集，大坡集；折而西南为闵家屯集，五棵树集，西北为八号荒集，弓棚子集，八里荒集，石头城集，长安堡、榆树沟集，长春岭集，隆科城集。

自城东北，村屯二十二，东南村屯四十四，西南村屯二十四，西北村屯一百三十七。

五常厅

厅属镇二、市集四：镇东小山子集，兰彩桥镇距城九十里分防巡检驻之；东南向阳山集；南为炕檐山集，山河屯镇距城五十里分防经历驻之；北为五常堡集。

本城首社曰尚智，计十三屯，城东由义社计四屯，东南丰稔社计三屯，崇礼社计七屯，正南新裕社计四屯，西南安惠社计四屯，讲让社计五屯，正西兴仁社计四屯，北为诚信社计四屯，北东举仁社计六屯。

宾州厅

厅属镇一、市集十三：城东枷板集，老营口集；东南南天门集，玛珽河镇距城三百里分防巡检驻之；正南三庆宫集，三道街集；西南阿什河集；正西蜚克图集，永增源集；西北荒山嘴子集，永全长集，聚源昶集，三岔口集；北为满井集。

自城而东，社十。仁、义、礼、智、信五社计五甲，康平社计二甲，夹河社计三甲，民和社计六甲，长治、久安二社计八甲，南为二道社计五甲，三清宫、嘉乐二社各计三甲；西社（一曰顺凝）计九甲；北为物华社计三甲，天宝社计二甲，顺时社计二甲，阜财社计四甲，年丰社计二甲。

双城厅

城东东所总屯一，所南镶黄、正白、镶白各五屯，正蓝十屯，西为镶白、正白五屯，迤北镶黄、镶蓝、镶红、正红、正黄各五屯，共六十屯；东南拉林地方镶蓝、镶白、正蓝、正红、镶黄、正黄、正白、镶红各三屯，共二十四屯；城西西所总屯一，所南正黄、正红、镶红各五屯，镶蓝十屯，镶红、正红、正黄、正蓝、镶白、正白、镶黄各五屯，共六十屯。

宁古塔

东南三岔口街招垦局西南村屯十四，距局九十里接珲春界；西向村屯七，距局一百里；西北村屯八，距局五十里；正北村屯二，距局十里。

三　姓

东界自窝坑河口，顺松花江南岸向东北至音达穆河口，计程二百十里，村屯二十。自窝坑河东、马鞍山东至老鹳窝，计程一百二里，村屯十。又自窝坑河左岸东南至三道冈，计程一百四十二里，村屯十。又胡尔哈河东岸窝坑河西岸，其间自三家子向南至黑背，计程一百八十五里，村屯十一。南界顺胡尔哈河左岸向南至锅葵山根与宁古塔接界，计程三百三里，村屯二十二。西南自胡尔哈河右岸向南至三道河口与塔接界，计程二百八十七里，村屯十九。又自胡尔哈河东岸并博勒河右岸，自莲花泡向南至庙儿岭，计程一百六里，村屯六。西界自胡尔哈河西顺松花江南岸，西南至玛琏河口与宾州接界，计程二百十八里，村屯二十二。西北界松花江北岸，自荒台向西南至大咕嘟屯，计程八十里，村屯六。北界松花江北岸，自红石砬子向北至察胡兰山与黑龙江接界，计程七十里，村屯三。又松花江北岸，巴兰河东徐家屯向北至半拉窝吉山与黑龙江接界，计程一百二十三里，村屯九。又北东自庙尔街至吞昂阿河，计程一百二十四里，村屯九。

富克锦

乌苏里江东岸，向南至库尔布新河，村屯二十八。又西岸向南至穆棱河，村屯六。又自乌苏里江与松花、黑龙两江会流东下，直至东海沿江右岸，所居赫哲、裴雅喀人等，部落共八十七。又自奇矶沿海向西南至约索河，村屯十九。

光绪十八年二月

城　池　附故城基址

吉林省吉林府城池

原名永吉州，又名船厂，即将军驻防之所，康熙十二年，副都统安珠瑚监造。南倚松花江，东、西、北三面筑土为墙高一丈，周围一千七百四十九丈，计九里零二百五十八步。光绪九年，将军希元改修砖墙，加筑垛口。门八：曰东莱，曰朝阳，曰迎恩，曰北极，曰德胜，曰巴尔虎，曰致和，曰福绥。池深一丈。

尼什哈城　国语，尼什哈，鱼儿也。城东十二里，在尼什哈山上，即鄂摩城。周围二里，南一门，北二门，城西一井，木生其中，旁有鲫鱼池三，石砌。

绥哈城　国语，绥哈，艾也。城西五十里，周围一里。

一拉木城　城东南七十里余，在一拉木山上，周围一里余，东、北各一门。其外，东、西、南三面有郭城，周围二里，南一门。

纳单佛勒城　国语，纳单，七数也；佛勒，围底旗也。城南二百六十里，东、西二面各四百步，南、北二面各三百步，城外有重濠四面，四门内有小城四面，各二百步，东西各一门。

辉发城　城南二百六十里，在吉林峰之上，周围二百步，西一门。

辉发峰下城　在辉发峰之西，周围四里，南、北各二门。

辉发河城　沿河山坡上一城，四面各二十步，东一门。

古城　城西南五十里，东、西各八十步，南、北各一百步，四门。

佛儿哈城　国语，佛儿哈，锤子也。城北三十三里，周围三里，旧佛索诺贝勒所居，东一门。

打牲乌拉城　国语，乌拉，江也。城北七十里，混同江之东，旧布占太贝勒所居，周围十五里，四面有门，内有小城，周围二里，东、西各一门，有土台，高八尺，周围一百步。

撒儿八哈城　国语，撒儿八哈，盔檐也。城北七十里，周围一里，南一门。

博儿集城　城北八十里，周围百步，北一门。

古城　城北八十四里，周围一里，东一门。

西兰城　城北八十七里，周围二里，西一门。

刷烟城　城北一百一十里，周围二里，南一门。

刷烟岛城　城北一百一十里，混同江中有岛，岛上有城，周围一里，南一门。

二拾家堡城　城北一百一十里，周围一里，南一门。

伊汉山城　城东北三十里，周围一里，在伊汉山上，南一门。

俄磨城　城东北三十里，周围二里，东一门。

哈儿边城　混同江中有哈儿边岛，岛上有城，周围二里，南一门。

噶哈城　城北一百七十里，周围一里。

伊通州城池

伊通州旧设巡检，无城。自光绪七年改设州治，添筑土城，知州员启章监造。砖砌垛口，周围约三里，门四，池深一丈。

叶赫城　国语，叶赫，练麻也。城南二百五十五里，旧叶赫贝勒所居，周围四里，东西各一门。

克尔素城　国语，克尔素，海边盐池所生之草也。城西北一百三十里，周围一里。

叶赫山城　叶赫城西北三里，周围四里，南北各一门，内有一小城，周围二里，南北各一门。

雅哈城　国语，雅哈，无焰火也。城西北七十里，周围一百二十步。

叶赫商坚城　周围一百六十步，东一门。

虎鲁城　周围二百四十步，东西二门。

席百城　周围一百二十步，南、北二门。

福儿哈城　周围八十步，南一门。

榜色城　周围八十步，南一门。

虎脊城　周围一百步，南一门。

古城　周围八十步，南一门。

哈达石城　在衣车峰之西南，周围二百四十步，南一门。

哈达新城　在衣车峰之上，旧哈达贝勒自开原县界内旧城迁居，故名。

小石城　在昂邦河托峰下，周围八十步，南一门。以上九城并在城西南二百余里。

栋鄂城　城西南二百六十余里，周围九里，东西六里，南北三里，门四，旧为栋鄂部长鲁克素所筑。

佛多和城　城南三百五十余里，周围一里。

索儿贺城　周围八十步，南一门，在城西南二百一十余里。

乌苏城　蒙古语，乌苏，水也。城南二百余里，周围二里，门濠莫考。

完颜城　城西南二百六十余里，周围一百步。

图伦城　国语，图伦，蠹也。城西南二百八十余里，周围一里。

敦化县城池

原名敖东城，光绪七年设立县治，经知县赵敦诚监造，筑土为墙，上盖木板，城楼砖砌，垛口周围约三里。门四：东曰迎旭，南曰来薰，西曰挹爽，北曰拱辰。池深一丈。

鄂多哩城　城东南三里许，在牡丹江北岸，周围约四里，尚存土基。

长春府城池

原名宽城子，同治四年因马贼窜扰，由商民捐建，筑板为墙，高一丈余，周围二十里，门六：曰崇德、曰全安、曰聚宝、曰永兴、曰永安、曰乾佑。池深一丈。

农安县城池

俗名龙湾，旧有土城，坍塌不齐，周围约七里，光绪十六年添设县治，知县黎尹融醵资修葺，于旧基上添筑土墙、垛口，设立门楼四，又水洞门三，上盖木板，东曰聚菑，南曰阜财，西曰宝丰，北曰卫藩。池深八尺。

伯都讷厅城池

原名孤榆树，旧无城池，光绪三年，厅治由伯都讷城移驻于此，经商民捐修土围一道，高约八尺，周围约四里，设立四门，池深一丈余。

五常厅城池

原名欢喜岭，光绪七年设立厅治，经知县毓斌监造。筑土为墙，上盖木板，城楼砖砌垛口，周围约四里。门四：曰迎旭，曰承恩，曰来薰，曰拱极。池深一丈。

五常堡城　城东北二十五里即五常堡，协领驻防之地，筑土为墙，周围八里，共五门。

宾州厅城池

原名苇子沟，光绪七年设立厅治，通判王绍元监造。筑土为墙，上盖木板，城楼砖砌垛口，周围约七里，门四，池深一丈。

双城厅城池

原名双城堡，旧设总管，光绪八年裁撤总管，添设厅治。城系早年商民捐建，筑土为墙，高一丈余，周围约二十里。门四：曰承旭，曰永和，曰承恩，曰洞宾。池深一丈余。

拉林城　城东南一百一十里，设有分防巡检一员，协领一员。城系土筑，高约一丈，周围约十里，东、西、南、北各一门。

伯都讷城池

即伯都讷副都统驻防之所，旧名纳拉江，又名新城。城砌土坯，康熙三十二年建，高一丈一尺，周围七里，池阔七尺，深九尺，东、西、南、北各一门。

唐王河古城　城南三里，在唐河岸。

阿勒楚喀城池

即阿勒楚喀副都统镇守之所，同治七年建。旧城外偏西，筑土为墙，高六尺，周围十八里。正门四：东曰保安，西曰镇静，南曰承化，北曰平易。便门八座，池深五尺。

白城　在阿勒楚喀城南四里余，俗传为金朝都城，城基尚在，周围四十里，高一丈余，池深六尺，门四，内有小城，尚存宫殿旧址，居民常挖得金玉古器及古铜钱。西门外二里有土冈一座，相传为当时点将台。

宁古塔城池

康熙五年，自宁古塔旧城迁至虎儿哈河之旁，用松木为墙，将军巴海监造。乾隆四十二年改筑土墙，高六尺五寸，周围三里，东、西、南各一门。城外边墙周围十里，四面有门。康熙十五年，将军移驻吉林，设副都统镇守，今仍其旧。光绪八年，副都统容山复加修茸，添设方城。

觉罗城　城东三里，虎儿哈河之北岸，周围五十八步，南一门。

英爱城　城东南五百八十里，周围一里，东、南各一门。

飞腰城　城东南五百八十五里，周围三里，西、南各二门，东、北各一门。

古城　在飞腰城北，周围五里，南四门，西三门，东、北各二门。内有小城周围一里，南三门，东、西各一门。

珲春河东岸城　城东南六百二十里，周围一里，四面四门。

福儿单城　城东南六百五十里，周围三里，四面四门。其东北有一小城，周围约二里许，南、西、北三门。亦名福儿单城。

福儿加城　城东南六百七十余里，周围七十步，西一门。

旧觉罗城　在南门外边墙内，南北各二十步，东西各三十步。

噶思哈城　城南二十里，周围一里半，南一门。

旧东京城　城西南六十里，虎儿哈河之南，周围三十里，四面七门。内城周围五里，东、西、南各一门，内有宫殿旧址，石佛一座。

西古城　城西二十五里，周围一里余，东、西各一门。

木当阿城　城西三十里，周围一里半，南一门。

宁古塔旧城　城西北五十里，海阑河南，有石城，高一丈余，周围一里，东、西各一门，城外边墙周五里余，四面四门，昂邦章京吴巴哈监造。

布儿哈图城　城西北五十里，在海阑河南，周围二里，东、西各一门。

布儿哈图西古城　城西五十二里，周围一里余，东、西各一门。

海阑城　城西北六十里，海阑河北岸，周围三里，四面各一门。

撒儿虎城　城北四十五里，海阑河南岸，周围一百步，南一门。

觉罗城　城东北四里，虎儿哈河北岸，周围五十六步，南一门。

刻印城　城东北五十里，虎儿哈河在其南，海阑河在其北，周围三里，西一门。

大河城　即昂邦必拉城，城东北三百五十里，虎儿哈河北岸，周围六里，四面各一门。

古城　城东北六百里，虎儿哈河入混同江之南岸，周围三里，东、西各一门。

瓦利城　城东北九百里，混同江之南，周围三里，西、南各一门。

五国城　城东北六百余里。金天会八年，宋二帝自韩州如五国城，相传即此地。今仅存土基，不可考。

海边古城　城东北三千余里，在混同江之东南入海处。城外有元时石碑，路远，莫考其详。

三姓城池

康熙五十四年建，筑土为墙，高七尺，周围五里，池深七尺，阔八尺，南、北各一门。

珲春城池

光绪七年，经副统依克唐阿用兵力建造。筑土为墙，高八尺，周围约七里。门四：东曰靖边，南曰抚绥，西曰镇定，北曰德胜。池七尺，池边遍植杨柳。

沙齐城　城南二十五里，周围一里，门一。

费优城　城北二十里，周围三里，西、南各二门，东、北各一门。

达都城　城东南七十里，周围一里。

爱丹城　　城西北二百五十里，周围一里。

富克锦城池

光绪六年建设，富克锦城协领驻防，筑土为墙，高八尺，周围约四里，门四，池深六尺。

东古城　　城南六十里，呼里哈河东岸。

北古城　　城北二里。

西古城　　城西一百五十里，呼里哈河西岸。

光绪十八年二月

关 津 <small>附卡伦。漕运、水利均无</small>

吉林府

金珠鄂佛勒边门，即发忒哈门，城北二百一十里。辉法卡伦，色勒萨木溪河卡伦，法必拉卡伦，富尔岭卡伦，三道沟卡伦，四道沟卡伦。以上六卡伦派总理一员，卡伦官六员，每年分两季按六个月更换，带兵戍守巡查。

舒兰卡伦，依罕阿林卡伦。以上二卡伦派卡伦官二员，巡查官一员，驻吉林东山牛心顶子迤东地方，每年按三个月更换，带兵戍守巡查。

额赫穆卡伦。以上卡伦派卡伦官一员，每一个月更换，带兵戍守巡查。

乌拉渡，城西十里，康熙十一年设渡船六只，二十五年添设渡船二只，乾隆五年奉裁四只，现额设渡船四只。

松花江渡，城东南，康熙三十三年设渡船八只，雍正二年移二只于阿勒楚喀，现额设渡船六只。

伊通州

布儿图库边门，即半拉山边门，城西北二百里。

黑尔苏边门，即克勒素门，城西北一百一十里。

伊通河边门，即易屯门，城西九十里。

荒河渡，城西南，与开原县交界处，额设渡船二只，系奉天府各州、县派拨水手摆渡，隶开原县驿丞管理。

敦化县

牡丹江，城东南二里，古城下设有渡船一只。

牡丹江，城东北七里，设有渡船一只。

三叉河口，城东北一百里，额穆赫索罗以南，设有渡船一只。

长春府

伊通河渡，城东有渡口安设小舟。

新开河渡，城东北有渡口安设小舟。

松花江渡，城东北有渡口安设小舟。

农安县　无

伯都讷厅

松花江北渡船六只，城北七十里，康熙二十五年设水手十六名，三十四年裁撤，拨补各站。亏缺壮丁，由八旗闲散内挑，设水手领催二名，水手七十八名。雍正五年拨往阿勒楚喀水手二十名，现存水手五十八名。

南渡口船二只，城南门迤南，因与蒙地接界，伯都讷安设一只，郭尔罗斯公分设一只。

青山口渡船一只。

五常厅

刘家、蔡家、姚家船口三处。

宾州厅

阿什河渡口，阿勒楚喀城北五里余，水手二名，雍正二年自松花江移设渡船二只。

双城厅　无

宁古塔

头道渡口，城西南三里，康熙年间捐置渡船一只。

二道渡口，城西南一里，康熙年间捐置渡船一只。

三道渡口，城南街口，原设渡船一只。

四道渡口，城东南十五号，原设渡船一只。

芦花沟渡口，城东五里，原设渡船一只。

兴额哩温车恨渡口，城东北二十里，原设渡船一只。

乜河屯渡口，城东北六十里，原设渡船一只。

牛厂屯渡口，城西南六十里，原设渡船一只。

三灵屯渡口，城西七十里，原设渡船大小二只。

三　姓

护江关，在城东北三十里，松花江巴彦哈达地方。光绪七年，吉林将军铭安、督办边务吴大澂奏准建关一道，设立税局，由三姓副都统署内派司员一员、笔帖式一员，照依土税章程，抽收下往商船货物，年终征齐，呈交右司存库。

窝坑河卡伦，城东北五里。

法勒图浑图雅奇卡伦，城东北五十里。

法勒图浑多欢卡伦，城东五十里。

西芬沟卡伦，城西南八十里。

玛呢兰卡伦，城东南八十里。

锡伯河卡伦，城西北八十里。

郭普奇希卡伦，城西八十里。

斐尧屯卡伦，城南一百二十里。

佛勒霍乌珠卡伦，城东南一百二十里。

音达穆卡伦，城东北二百里。

玛珽河卡伦，城西二百八十里。

瓦里霍屯卡伦，城东北三百余里。以上卡伦十二，每年于春初派卡伦官带兵戍守巡查，秋杪撤回归伍。

乌苏里口卡伦，城东北一千五百里。以上卡伦，每年派卡伦官，委笔帖式各一员带兵戍守。

妙噶山渡口，设官渡船二只，城西北里许。

佛斯亨站渡口，设官渡船二只，城西北三百里。

珲　春

西步江土们江口，城西南二十五里，与朝鲜庆源府对岸设有渡船一只。

光霁峪土们江口，城西南一百十五里，与朝鲜钟城府对岸设有渡船一只。

和龙峪土们江口，城西南一百六十里，与朝鲜会宁府对岸设有渡船一只。以上三处，因与朝鲜通商，经北洋大臣会同吉林将军，奏明添设官渡，以便两国商民往来。

乌　拉

红石砬子渡船二只。张树口渡船一只。饮牛坑渡船一只。卡路河子渡船一只。

哨口，城南八里，旧设官摆渡一处，系总管、协领两署按年派官一员经理。

旧屯，城南二十五里，设有摆渡一处。

聂斯玛屯，城西南八里，设有摆渡一处。

打鱼楼屯，城西北十五里，设有摆渡一处。

城东北三十五里四家子屯，四十里塔库屯，四十五里布尔哈通屯，五十里溪浪口子屯，七十里哈什玛屯，各设摆渡一处。

富克锦

汤旺河卡伦，乌斯浑卡伦，黑河口卡伦，诺洛河卡伦，呢嗬河口卡伦，以上五卡伦，向由三姓派员。于光绪十年，拨归富克锦派员带兵戍守。

光绪十八年二月

沿革　职官

吉林府沿革

唐虞三代肃慎地，汉、晋挹娄地，北魏勿吉，隋靺鞨，唐初为新罗北境鸡林州都督府，后为渤海涑州地，辽设涑州刺史，兼有宁江州地，金为咸平路玉山县地，元隶开元路，明初设额伊瑚卫、乌拉卫、伊罕河卫、玛珽山卫、讷穆河卫、佛尔们河卫、伊拉齐河卫、伊努山卫、推屯河卫、奇塔穆河卫、噶哈卫、库呼讷河卫、屯齐山卫，后为乌拉国地，国朝征抚其国，雍正五年设永吉州，属奉天府，乾隆十二年罢永吉州，改设吉林理事同知，属将军管辖，光绪八年改设吉林知府，州一县一。

吉林府职官

知府一员，教授一员，经历管司狱事一员。

伊通州沿革

唐虞三代肃慎地，汉、晋挹娄，北魏勿吉，隋靺鞨，唐初属新罗西北境，后为渤海强师县地，辽东京道通州安远军归仁县兼有女真辉发部地，金为咸平路归仁县兼有上京隆州地，元属开元路，明初设雅哈河卫、伊屯河卫、伊尔们河卫，后为叶赫、辉发两国地，国朝征抚其国，初属永吉州，后为吉林厅辖境，光绪七年设伊通州，隶吉林府。

伊通州职官

知州一员，训导一员，分防州同一员驻磨盘山，吏目兼管狱一员，外委二员，一设州城，一设磨盘山。

敦化县沿革

唐虞三代肃慎地，汉、晋挹娄地，南北朝勿吉，隋靺鞨，唐为渤海率宾府建州地，辽为布库哩国，金分属海兰路，明属建州卫，国朝为吉林厅辖境，光绪七年设敦化县，隶吉林府。

敦化县职官

知县一员，训导一员，巡检管典史事一员，捕盗营外委一员，南冈县丞一员，光绪七年设，后裁。

长春府沿革

唐虞三代肃慎地，汉、晋、南北朝、隋夫余地，唐初属高丽，后入渤海，为扶余府地，辽属龙州黄龙府兼有益州地，金属隆州，元隶开元路，国朝为蒙古郭尔罗斯前旗游牧地，嘉庆五年因流民越垦，奏设理事通判，治长春堡，道光五年移厅治于宽城，光绪四年改长春厅抚民通判，十五年改为长春府，县一。

长春府职官

知府一员，教授一员，经历管司狱事一员，分防照磨一员，驻朱家城子。

农安县沿革

唐虞三代肃慎地，汉、晋、南北朝、隋夫余地，唐初属高丽，后入渤海为长平县，辽初为东京龙州黄龙县，后升黄龙府，金为隆州，后升隆安府，元为开元路，明属三万卫，国朝为蒙古廓尔罗斯游牧地，嘉庆五年为长春厅辖境，光绪十五年设农安县，隶长春府。

农安县职官

知县一员，训导一员，巡检管典史事一员，捕盗营外委一员。

伯都讷厅沿革

唐虞三代肃慎地，汉、晋、北魏、隋夫余地，辽为长春州东境，金为肇州，原为肇州宣慰司，明属三万卫，国朝康熙三十三年调吉林副都统于伯都讷城，嘉庆十五年设理事同知，光绪八年改伯都讷厅抚民同知，移治孤榆树。

伯都讷厅职官

同知一员，训导一员，巡检兼管狱一员，分防巡检一员，驻伯都讷城。

五常厅沿革

唐虞三代肃慎地，汉、晋挹娄地，南北朝勿吉，隋靺鞨，辽为宁江州地，金属会宁府，元属海兰府硕达勒达等路，明设默伦卫，国朝光绪八年设五常厅抚民同知，治欢喜岭。

五常厅职官

同知一员，教谕一员，经历一员驻山河屯镇，巡检管司狱事一员，分防巡检一员驻兰彩桥镇，外委一员设厅城。

宾州厅沿革

唐虞三代肃慎地，汉、晋挹娄地，南北朝勿吉，隋靺鞨，辽为生女真部，金为上京会宁府，元属海兰府硕达勒达等路，明设费克图河卫、阿实河卫，国朝雍正三年设协领阿勒楚喀驻防，乾隆二十一年改设副都统镇守，光绪七年设宾州厅同知，治苇子沟。

宾州厅职官

同知一员，教谕一员，巡检管司狱事一员，分防巡检一员驻玛蜓河，外委一员在厅城。

双城厅沿革

唐虞三代肃慎地，汉、晋、北魏、隋夫余地，金属夫余路南境，兼有肇州地，元分属肇州宣慰司，明属三万卫，国朝乾隆九年设拉林副都统驻防，三十四年裁拉林副都统，设总管于双城堡，光绪八年裁总管，设双城厅通判。

双城厅职官

通判一员，训导一员，巡检管司狱事一员，分防巡检一员驻拉林。

宁古塔城沿革

唐虞三代肃慎地，汉、晋挹娄地，北魏勿吉，隋靺鞨，唐为渤海上京龙泉府，金为呼尔哈路，元海兰府硕达勒达等路，明设沃楞卫、海兰城卫、塔拉河卫、呼尔哈河卫、费雅河卫、扎津卫、祜实哈哩卫、布拉卫、萨尔布卫、克音河卫、索尔和绰河所，国朝征取呼尔哈部，顺治十年设宁古塔昂邦章京、副都统镇守，康熙元年改设镇守宁古塔将军，十五年移宁古塔将军镇守吉林乌拉之船厂，雍正三年置泰宁县，隶奉天府，七年裁泰宁县。

宁古塔城职官

副都统一员，协领二员，佐领十二员，助教一员。

三姓城沿革

唐虞三代肃慎地，汉、晋挹娄地，北魏勿吉，隋靺鞨，辽属五国部，金呼尔哈路，元属开元路，国朝康熙五十三年设协领驻防，雍正七年设副都统镇守。

三姓城职官

副都统一员，协领二员，佐领十六员，助教一员。

珲春城沿革

唐为渤海率宾府地，辽属率宾府刺史，金属率宾路，元分属海兰府硕达勒达等路，明设穆霞河卫、通垦山卫、爱丹卫、布尔哈图河卫、阿布达哩河卫、珠伦河卫，国朝康熙五十三年设协领驻防，光绪七年设副都统镇守。

珲春城职官

副都统一员，协领二员，佐领八员，助教一员。

光绪十八年二月

营 汛 附防练两军驻扎处。盐场、卫所无

光绪六年，将军铭奏设各厅州县案内于宾州、五常、敦化等厅县，各设外委一员，民勇五十名，专司缉捕盗匪，名曰捕盗营，归本地方官管辖。嗣后，伯都〔讷〕、伊通、双城、长春、农安、磨盘山等处，先后皆照章添设，统计九处。外委一缺，由分巡道考验拣放。

盐　场

　　吉林食盐，皆自边外与内地商贩，向无盐场，惟宁古塔征收盐税钱二百四十五吊六百七十文，于光绪十一年正月奉文。

卫 所

按《元史》，延祐三年置肇州等处女直千户所，同时置有朵因温都儿乃良哈千户所，旧址无考。又按《通志》载，明永乐初置都司一员，领卫一百八十四，所二十，大约在兴京、永吉州、宁古塔、黑龙江之境，末年俱废，遗址无考。

边防驻扎处

靖边前路中、左两营，驻珲春城西南外郎屯。

靖边中路三营，驻珲春城东南阿拉坎。

靖边前路右营，驻珲春城东南黑顶子。

靖边右路两营，驻珲春城西南延吉冈。

靖边左路三营、亲军两营，驻宁古塔北乜河。

靖边后路两营，驻三姓城北巴彦通。

靖边后路一营，驻三姓东南三岔口。

靖边亲军一营，驻省城松花江南岸。

靖边中路一哨，驻和龙峪。

练军驻扎处

头起马队头扎兰，驻岔路河，省西距城一百二十里。

二扎兰，驻省西苏瓦延（跕）〔站〕，距城二百一十里。

三扎兰，分驻城西双河镇、西南烟筒山，距城一百里。

四扎兰，驻省城。

二起马队头扎兰，驻省北法特哈门，距城一百八十里。

二扎兰，驻省城。

三扎兰，驻省城。

四扎兰，分驻省西巴吉垒，距城四百二十里；小双城堡，距城五百里。

三起马队头扎兰，驻省城。

二扎兰，分驻省城、省西北桦皮厂，距城九十里。

三扎兰，驻省城。

四扎兰，分驻省西北大南屯，距城一百六十里；放牛沟，距城一百八十里。

五扎兰，驻省城。

四起马队头扎兰，驻省西赫尔苏站，距城三百六十里。

二扎兰，分驻省西大孤山，距城三百里；叶赫站，距城四百六十里。

三扎兰，分驻省西蒙古和罗站，距城五百二十里；叶赫站，距城四百六十里。

四扎兰，驻省城。

五起马队头扎兰，分驻阿勒楚喀，距城四百八十里；省东北孤榆树，距城二百七十里。

二扎兰，驻省城。

三扎兰，驻省东北阿勒楚喀，距城四百八十里。

四扎兰，驻省北登伊勒哲库站，距城二百四十里。

六起马队头扎兰，驻省东北宾州厅，距城六百里。

二扎兰，驻省西北木石河，距城一百一十里。

三扎兰，驻省北长春岭，距城六百里。

四扎兰，分驻省东双岔河，距城九十里；拉法站，距城一百六十里。

七起马队头扎兰，驻省东尤家屯，距城九十里。

二扎兰，分驻省东北抢坡子，距城二百里；五常厅，距城三百三十里。

三扎兰，分驻省北四合城，距城三百二十里；尤家屯，距城九十里。

四扎兰，分驻省北土桥子，距城二百九十里；尤家屯，距城九十里。

洋枪步队左翼头扎兰，驻省西南常山屯，距城一百三十里。

洋枪步队左翼二扎兰，驻省西南横道河子，距城一百五十里。

洋枪步队右翼三扎兰，驻省东嵩岭，距城二百里。

洋枪步队右翼四扎兰，驻省东退抟站，距城一百八十里。

抬枪步队，驻省城。

吉胜营亲军，驻省城。

骁勇营中营，驻省北山河屯，距城三百六十里。

骁勇营左营，驻省东北向阳山，距城四百二十里。

骁勇营右营，驻省东北小山子，距城四百五十里。

骁勇营左营两哨，驻省城。

宁古塔练军步队头扎兰，驻宁古塔城，距省八百里。

二扎兰，驻塔城南双石碰子，距塔城一百二十里。

三扎兰，驻塔城东南胡布图卡伦，距塔城六百八十里。

四扎兰，驻塔城西北二道河子，距塔城八十里。

伯都讷练队头扎兰，分驻本城，距省六百里；省北石头城，距省四百里。

二扎兰，分驻逊扎保（跕）〔站〕，距省城四百二十里；浩色站，距省城四百八十里。

三扎兰，驻五棵树，距省城二百七十里。

三姓练队头扎兰，驻本城，距省一千二百里；分驻佛斯亨站，距三姓城三百里。

二扎兰，驻三姓南土桥子，距三姓城一百二十里。

三扎兰，驻三姓西北崇古尔库站，距三姓城一百八十里。

三姓练军步队头扎兰，驻三姓东南桦皮沟，距三姓城四百二十里。

二扎兰，驻三姓城。

三扎兰，驻三姓东南桦皮沟，距三姓城四百二十里。

四扎兰，驻三姓城东太平沟，距三姓城三百八十里。

阿勒楚喀练队两扎兰，皆驻本城。距省四百八十里。

双城厅练队头扎兰，驻城西北镶黄旗四屯，距厅城九十里。

双城厅练队二扎兰，驻城东所，距厅城三十里。

五常厅练队，驻本城，距省三百六十里。

拉林练队头扎兰，驻城东康家炉，距省四百三十里。

拉林练队二扎兰，驻城西韩家店，距省四百二十里。

乌拉练队头扎兰，驻城北山河屯，距省三百六十里。

乌拉练队二扎兰，驻城东南蛟河，距省一百八十里。

伊通州练队头扎兰，驻本城，距省二百八十里。

伊通州练队二扎兰，驻省西伊巴丹站，距省二百五十里。

额穆赫索罗练队，驻鄂摩和站，距省三百六十里。

光绪十八年二月

吉林兵制 附军器

　　将军一员驻吉林乌拉城。副都统一员。左翼镶黄旗协领一员，佐领五员，防御三员，骁骑校五员，领催三十名，前锋十名，甲兵二百七十名。

　　左翼正白旗协领一员，佐领五员，防御二员，骁骑校五员，领催三十名，前锋十名，甲兵二百八十二名。

　　左翼镶白旗协领一员，佐领五员，防御三员，骁骑校五员，领催二十九名，前锋十名，甲兵二百八十六名。

　　左翼正蓝旗协领一员，佐领五员，防御三员，骁骑校五员，领催二十九名，前锋十名，甲兵二百八十六名。

　　左翼蒙古旗协领一员，佐领八员，骁骑校八员，领催四十七名，甲兵三百五十六名。

　　右翼正黄旗协领一员，佐领五员，防御三员，骁骑校五员，领催二十八名，前锋十名，甲兵二百八十七名。

　　右翼正红旗协领一员，佐领五员，防御三员，骁骑校五员，领催二十九名，前锋十名，甲兵二百八十六名。

右翼镶红旗协领一员，佐领五员，防御三员，骁骑校五员，领催二十九名，前锋十名，甲兵二百八十七名。

右翼镶蓝旗协领一员，佐领五员，防御三员，骁骑校五员，领催二十九名，前锋十名，甲兵二百八十七名。

右翼鸟枪汉军旗参领一员，佐领八员，骁骑校八员，领催三十九名，旗录四十名，甲兵五百二十九名。

驻防水师营总管一员，四品官二员，五品官二员，六品官四员，笔帖式一员，领催十二名，水手正丁二百五十名，匠役四十五名。

伯都讷

副都统一员，左翼协领一员，佐领七员，防御四员，骁骑校六员。

右翼协领一员，佐领五员，两翼领催七十三名，前锋三十六名，甲兵八百八十名。

阿勒楚喀

副都统一员。左翼协领一员，佐领四员，防御五员，骁骑校四员。

右翼协领一员，佐领四员，防御四员，骁骑校四员，两翼领催三十六名，前锋八名，甲兵五百二十七名。

拉林

协领一员，左翼佐领四员，防御三员，骁骑校四员。

右翼佐领四员，防御二员，骁骑校四员，两翼领催三十六名，前锋八名，甲兵四百四十九名。

双城堡

协领一员，佐领八员，防御二员，骁骑校八员，领催二十四名，甲兵二百八十九名。

五常堡

协领一员，镶黄旗佐领一员，防御一员，骁骑校二员。

正黄旗佐领一员，防御一员，骁骑校二员，两旗领催十名，副领催十二名，副甲兵一百五十名。

宁古塔

副都统一员，左翼协领一员，佐领六员，防御四员，骁骑校六员。

右翼协领一员，佐领六员，两翼领催七十二名，前锋三十八名，甲兵一千二百四十七名。

三姓城

副都统一员，左翼协领一员，佐领八员，防御四员，骁骑校八员。

右翼协领一员，佐领八员，两翼领催九十五名，前锋三十七名，甲兵一千三百六十五名。

富克锦

协领一员，佐领四员，防御二员，骁骑校四员，领催二十名，甲兵四百名。

珲春城

副都统一员，左翼协领一员，佐领四员，防御二员，骁骑校四员。

右翼协领一员，佐领四员，防御二员，骁骑校四员，两翼领催四十名，前锋十名，甲兵五百五十五名。

乌拉城

协领一员，左翼佐领四员，防御二员，骁骑校四员。

右翼佐领四员，防御二员，骁骑校四员，两翼领催四十八名，甲兵六百五十二名。

伊通河

镶黄旗佐领一员，防御一员，骁骑校二员。

正黄旗佐领一员，防御一员，骁骑校二员，两旗领催十二名，甲兵一百八十名。

额木赫索罗

正白旗佐领一员，防御一员，骁骑校一员，领催六名，甲兵一百一十四名。

伊通边门、巴彦鄂佛罗边门、赫尔苏边门、布尔〔图〕库边门，以上四边各设防御、笔帖式、领催各一员，甲兵各十九名。通省各城镇额设满蒙汉十旗官弁一千二百零九名，甲兵一万零五百四十七名。

打牲乌拉衙门

打牲乌拉总管一员，驻扎吉林北打牲乌拉城。左翼四品翼领一员，五品翼领二员。右翼四品翼领一员，五品翼领二员，骁骑校十八员，笔帖式七员，内仓官一员，满教习一员，七品章京四员，七品骁骑校七员，仓场笔帖式二员，恩骑尉一员，委官十四员，领催二十八名，珠轩达一百十名，铺副一百三十八名，打牲丁三千九百九十三名，匠役六名。

练　军

同治六年，将军富明阿奏由额设防军内抽练马队一千零一名，分驻四外城镇扼要之处。

同治七年八月，将原练马队一千零一名奏裁一百五十四员名。

同治十二年，添练马队二百名，派委统领、营总、参领、防校等官三十三员。

同治十三年，奏设抬枪步队兵一百名，设营总一员。

光绪二年七月，署将军穆图善奏明，光绪元年由甘带回吉省征兵马队官兵二百零五员名，留吉防剿为客队。

光绪二年七月奏明，添设亲军马队官兵一百零三员名。

又，奏设洋枪步兵二百名，原设参领二员，嗣仿奉章添派统领、号令分教营总、营官，并带队、督队各官。十月，撤营总一员。

光绪元年十二月、二年八月，两次奏添马队一千四百名，步队五百名，营总参防等官四十八员。

光绪三年二月奏明，将留吉防剿之客队二百零五员名，改作本省练队。光绪三年八月，奏设吉胜营马勇五十名，步勇五十名，统领一员，队官四员，书识一名，什长十名，长夫十名。

又九月，将亲军马队一百零三员名，归并续添练队之内。

又十月，奏将抬枪队添派参、防、校各二员，笔帖式一员。

光绪四年正月，奏设骁勇营步勇三百名，设营官二员，队官十二员，书识六名，什长三十名，长夫三十名。

光绪四年三月，奏将洋枪队统领、号令等官裁撤，留营总一员，另添参、防、校、笔等官，改如练队章程。

光绪四年十二月，撤吉胜营统领一员。

光绪五年四月，添派吉胜营统领一员，撤帮带官一员。

光绪五年八月，添派骁勇营统领一员。

光绪六年七月，奏添吉胜营步勇五十名，队官一员，字识二名，什长五名，长夫五名。

光绪七年二月，奏改骁勇营统领为帮带官。

又，三年九月、七年八月，两次奏裁续练马队一百零八员名，步队一百零四员名。

又，奏裁营总、参、防、校、笔各一员，抬枪队兵四十七名。

光绪九年十月，撤骁勇营帮带官一员，添派统领一员，办事官一员。

又，十一月撤吉胜营统领一员，添派管带官一员，办事官一员。

光绪十七年三月，奏裁续练马队。

又，奏添骁勇营步勇二百名，营官二员，哨官四员，哨长四员，什长二十名，吉胜营步勇一百名，改管带官为营官，添哨官二员，哨长二员，马队哨长一员，什长十名。

通省原练，续练马步队官兵三千一百二十三员名。

除抽拨裁撤，现存马步练队官兵三千七百六十三员名。

吉字军

光绪十二年，原任福建将军、钦差大臣穆图善奏设，由吉省防军内，抽拨步队二营，马队一营，练军马队一营，共一千五百人，随带原饷，并由八旗各台站丁丹内新挑步队六营，合抽拨之马步四营共四千五百人，计步队八营，马队二营，均于是年八月成军，即按八旗分定营制，为左、右两翼，扎营于省城东西门外。

奏设总统一员，帮统一员，每翼统领一员，兼带步队一营，随同办事委员、差遣委员、办事官各一员。

每翼马队营官一员，帮带一员，字识一名，哨官、督队官各五员，什长二十五名，正兵二百二十五名。

每步队一营，营官、办事官各一员，字识一名，哨官、哨长各五员，什长五十名，正兵四百五十名。

原设营务文案、军械、支发、火药各局处总办、会办委员各等官。

光绪十六年，钦差大臣定安奏改新章，自十七年正月起，步队八营分三班，六个月换练一次，马队一年换练一次撤回，西丹每月每名给银一两，照定章由各项夫价津贴。

原设吉字军马步共十营，计兵丹四千五百名。现在存营马队两起，计兵丹五百名，步队八营，计兵丹二千五百名。

军　器

吉林原设马步额兵，皆系满蒙汉各旗披甲，其军器咸以马步骑射为制，原无别器。自道光之季，咸丰初年，江南发捻之乱，征调吉林马队南征，由此始渐用火枪等械。嗣后，渐改旧制，至同治六、七年间，先后奏设练、防各队，则尽行改制火枪、抬枪矣。迨奏设洋枪暨吉胜、骁勇各营，复改为带刺来复洋枪，继又购备云者斯得十三响快枪，并哈吃开斯后镗子母枪。除原设满蒙汉各披甲春秋两操仍以马步骑射教习外，现在边练各营，均以七成洋枪、洋炮，二成快枪、后镗子母枪，一成长矛、马刀等械，参用演练。

边防各军设有杂技、炮队，各营杂技以刀矛、长枪、藤牌各械参用演练，炮队则有十二生大铜炮、十五生密达后镗钢炮，并开花炸子车轮等洋炮参用演操，余皆以开斯后镗枪暨子母快枪带匣之礼义枪各械，参用演操。

吉字军设有藤牌、杂技各营，以短刀、藤牌、花棍、长枪、钩矛各械参用教演，其余则均以戴刺洋枪与后镗子母快枪、开斯枪各器操练。

光绪十八年二月

海　防

　　吉林惟珲春东南一隅，与俄罗斯之海参崴接界。光绪六年奏设防军，分扎珲春沿边一带要扼，并设招垦、屯垦、通商各局，统为边防，别无海防名目。

边　防

机器局厂、招垦局、屯垦局、通商局附，并附炮台说

　　光绪六年前将军铭安、帮办吴大澂奏设边防巩、卫、绥、安四军，嗣经会办喜昌奏设靖边中、左、右三路一军。七年，会办喜昌奏带赴库伦二营；九年，督办吴大澂奏带赴天津巩字军马步七营三哨。十年七月，督办将军希元、帮办副都统依克唐阿奏准，请照防军原额添练，并撤销卫、绥、安名目，统改为靖边中、前、左、右、后五路亲军一军，共马步二十营三哨。十四年八月，经钦差大臣、福州将军穆图善办理，吉林练军由靖边军抽拨马步队三营，随带原饷归入吉字军训练，而靖边军马步共十七营三哨。奏设机器局厂，制造军火，修筑炮台三座，先后购置外洋钢铜炮位、后镗子母快枪等械，并设招垦、屯垦、通商以及文案、营务、粮饷各局处。现在中、前二路驻珲春，左路亲军驻宁古塔北之乜河，右路驻宁、珲适中之延吉冈，后路驻三姓东北之巴彦通。

　　光绪七年，于省城奏设机器局厂，制造洋药、铜帽拉火、配

合枪子、炮弹等项，以备边、练两军常年操演应需之费兼裕军实，而资捍卫。每年由部拨银十万两，派员请领。

珲春城奏设招垦总局一处。

珲春城东南黑顶子奏设屯垦一营。

珲春西南五道沟设招垦分局一处。

珲春西南延吉冈设招垦分局一处。

三岔口奏设屯垦局，屯兵五百余，户设有屯长、屯总、局员等以司其事。屯棚九十余处，分屯于三岔口、木楞河一带，迤西至宁古塔界，北抵三姓界，东接珲春界，东南一面与俄国分界。

三岔口设招垦局一处。

珲春东南和隆峪奏设通商总局一处，专司朝鲜通商、税务与韩民越垦之事。

光霁峪设通商分局一处。

西步江设通商分局一处。

以上三处皆与朝鲜接界。

珲春防务说

谨按，珲春居省东南，履站道出宁古塔，则距一千四百里，从额赫穆站越哈尔巴岭走南冈，则距一千一百里，所谓黑石道也。原设马甲六百副，统以协领一员，今改副都统，设两翼协领，旗分八牛录。幅员东南七百余里，或百数十里不等，极西南所止，至长白山麓，计一千二百有余里，南北二百余里，或百数十里不等。现以靖边右路两营驻南冈为后殿，前路中、左两营军于城之西，西炮台属焉；中路三营蔽南郊，兼城防，东炮台属焉。再南向九十里为黑顶子，切近韩、俄，地势形便，复以前路右营屯垦其间。此四至远近，旧设新驻之大概也。

长岭子防务说

长岭子在城之南三十里，黑顶子山之阴，其间有水出焉，南流入海，即珠伦河之上源。自岭东南斜行十五里至横道河子地方，即俄之卡伦，为赴岩杵河、摩阔崴、海参崴通衢。其防兵增减无定。由此岭北行十里至二道河子，我国亦设边卡，特派靖边前路帮带官一员，带兵驻守，不时侦探俄情，并递两国公文。

黑顶子防务说

夏查山即黑顶子山，在珲春正南，鸟道六十里，山路八十里。山头四时多云，可卜晴雨，故名。光绪十三年勘定界址，以山阳之水入汪者为华界，山阴之水入海者为俄界，故在此山之阳奏调靖边前路一营驻扎其间，初则试办屯垦，后以徒费无效，改屯为招，仍饬前路一营驻守，以资弹压焉。

佛多石岭防务说

佛多石岭距珲春城六十里，东连呼兰哈达，西接神仙顶子。由岭南下折而东行五十里至岩杵河，为俄人市镇，设廓米萨尔一员，又兵官带兵千人，驻扎于此。南行至摩阔崴六十里，如由水道南行直达崴口十六里。由崴口乘舟西南斜行，即绰阔哈达小岛，以鸟道测算八里许。总览形势，实海参崴之咽喉也。

通肯山防务说

通肯山来脉根于长白，在珲春城东北二百八十里，为群山之主。层峦叠嶂，枝干环绕四百余里。其西南为分水岭，绵亘四百余里，直至土们江口。其间之山：曰呼兰哈达，曰佛多石岭，曰乌尔吉、曰巴彦和硕、曰长岭子、曰夏查山、曰达尔吉山。咸丰十年与俄分界，即以诸山之背划分，山阳之水入海者为俄界，山阴之水汇入珲春河者为华界。南北有二水，珲春河源出焉。其两岸诸水汇助，西南合流二百余里，绕越珲城之南，仍曲折西南流至四十里，汇入土们江。则通肯山迤西一百五十里为土们山，亦有二水，即嘎雅哈顺河源，由西北，顺流一百六十里，又复南折一百六十里，即嘎雅河口，入土们江。总之，皆长白山之发源也。

炮台说

外郎屯炮台一座边防前路承修

在珲春城西南十余里，其地东面系赴海参崴要路，西南两面，亦由岩杵河入海之捷径。光绪七年，边防前路承修，台高一丈三尺，宽长各九丈五尺，外围筑以炮城一百二十三丈有奇，墙高一丈二尺，宽二丈余，墙外濠深一丈三、四尺，台上东、西、南三面设十五生大洋炮三位，上各覆以八柱活框炮棚，演时运机转移，可以三面施放。台后设挡墙一道，高六尺，宽四尺余。围城内东、西马道二条，药弹房、兵房各十余间，中开大营门一座，门内左右设官厅各三间，与阿拉坎之炮台东西相望。

阿拉坎炮台一座 边防中路承修

在珲春城东南，距城十里，实扼西南两面赴崴要路。炮城形如椭圆，周环一百二十三丈有奇，墙高一丈二尺，厚八丈七尺，城内东、西、南三面各筑炮台一座，三台相去各一十八丈，台上各筑炮棚一所，形如八角亭，宽三丈，高二丈余，上覆木版，八面俱用螺丝贯穿，装以活框、活柱，演时可撤，不碍三面施放。棚外环以隔堆，高六尺，宽四尺，堆外环筑女墙，高七尺，宽五尺。中台之下正马道一条，斜长五丈，宽二丈，东西二台马道紧靠城墙，各一条，宽长亦如之。三台之下各筑药弹房一间，城内东西相对，各修兵房五间，正中修大营门一座，门内两旁列官厅各三间，城外距墙四丈余，周挖长濠一道，深一丈五尺，宽倍之，实为扼要据险之处。

巴彦通炮台一座 边防后路承修

在三姓城东北三十五里，据松花江南岸，面向西北，距靖边后路驻防营四里有奇，台高两丈，东西长二十丈，南北宽十丈，前圆后方，周匝计五十八丈有余，用石灰拌碎砂石与素黄土掺合，为一层层夯筑。台上起筑炮洞五座，挨次排列，内设伏道，以通来往运用。药弹洞口前宽六尺，后八尺余，每洞内安十五生密达后镗钢炮一尊，炮洞后筑大挡墙一道，高七尺，厚五尺，长十二丈，中有小门。台身后偏东筑明马道一条，宽一丈八尺，长十五丈，偏西筑暗马道一条，台脚下东西设火药库两座，纵横各三丈余，高一丈五尺。药库前更筑挡墙一面，高八尺，长一丈三尺，厚五尺。栏墙外东西各筑兵房五间，台上东南隅竖望旗一杆，长四丈余。台外四周筑大围墙一圈，东西长四十余丈，南北三十四丈有奇。墙根四角挖水涵四个，各深数丈，以备蓄泄。南面正中筑大营门一座，门楼高一丈二尺，宽二丈八尺。门内左边筑守门兵房一所。

光绪十八年二月

吉省驿站

盛京旧志载，吉林西南至奉天界九站，东至宁古塔九站，无意气松、搭拉、通沟镇三站。西北至伯都讷十站。《吉林外纪》载，道光四年以前，增设拉林多欢站，至三姓城十站，无苇子沟一站。今东路增设新官地站，至珲春城十站。东北路增设五常、双城二站，并分设意气松等四站，合计五十二站，塘铺无。

吉林城西南至奉天府站道

乌拉站　即泥什哈站，在城外十里，凡吉林各路站道皆从此起。七十里至蒐登站，七十里至伊勒门站，五十五里至苏瓦延站，六十里至伊巴丹站，六十里至阿勒谈额墨勒站，六十里至赫尔苏站，八十里至叶赫站，五十五里至蒙古霍罗站，过此五十五里接奉天府开原站共九站程，途五百六十五里。

吉林城东通宁古塔珲春

乌拉站九十里至额赫穆站，八十里至拉法站，六十五里至退抟站，八十里至意气松站，四十里至额摩和站，八十里至搭拉站，七十里至通沟镇站，由搭拉站六十里至必尔罕站，六十里至沙兰站，八十里至宁古台站，七十里至新官地站，六十里至玛勒瑚哩站，六十里至老松岭站，六十里至萨奇库站，六十里至瑚珠岭站，六十里至哈顺站，三十八里至大坎子站，四十五里至穆克德和站，六十里至密占站，六十里至珲春城站。共二十站程，途一千二百另八里，除通沟镇不计。

吉林城北通伯都讷

乌拉站六十里至金珠鄂佛罗站，六十里至舒兰河站，五十里至法特哈站，五十里至登伊勒哲库站，五十里至盟温站，五十里至陶赖昭站，五十里至逊札保站，四十里至浩色站，五十里至社哩站，八十里至伯都讷站，八十里至黑龙江茂兴站。共十站，程途六百二十里。

吉林东北路登伊勒哲库站通拉林、阿勒楚喀、三姓等处

登伊勒哲库站八十里至蒙古喀伦站，八十里至拉林多欢，一百二十里至五常站。由拉林多欢站，西北七十里至双城站，北七十里至萨库哩站。由萨库哩站六十五里至蜚克图站，七十里至苇子沟站，六十里至色勒佛特库站，七十三里至佛斯亨站，七十三里至富拉珲站，七十里至崇古尔库站，七十二里至鄂尔国木索站，六十八里至妙噶山站，五里至三姓城。共十三站程，途七百八十六里，除五常、双城不计。

驿站分隶吉林各属

附站丁马牛数

吉林府境十站：西曰乌拉站、蒐登站、伊勒门站、苏瓦延站；东曰额赫穆站、拉法站、退抟站；北曰金珠鄂佛罗站、舒兰河站、法特哈站。伊通州境五站：伊巴丹站、阿勒谈额墨勒站、赫尔苏站、叶赫站、蒙古霍罗站。敦化县境三站：意气松站、额摩和站、通沟站。伯都讷厅境八站：登伊勒哲库站、盟温站、陶赖昭站、逊扎保站、浩色站、社哩站、伯都讷站、蒙古喀伦站。五常厅境一站：五常站。双城厅境二站：拉林多欢站、双城站。宾州厅境四站：萨库哩站、蜚克图站、苇子沟站、色勒佛特库站。宁古塔境九站：西曰宁古台站、沙兰站、必尔罕站、搭拉站；南曰新官地站、玛勒瑚哩站、老松岭站、萨奇库站、瑚珠岭站。珲春境五站：珲春城站、北曰密占站、穆克德和站、大坎子站、哈顺站。三姓境五站：佛斯亨站、富拉珲站、崇古尔库站、鄂尔国木索站、妙噶山站。

乌拉站，站丁六十名，马六十四，牛六十头。

蒐登、伊勒门、苏瓦延、伊巴丹、阿勒谈额墨勒、赫尔苏、叶赫、蒙古霍罗等八站，站丁四十五名，马、牛数如之。

登伊勒哲库、拉林多欢等二站，每站丁三十五名，马、牛数如之。金珠鄂佛罗、舒兰、法特哈、盟温、陶赖昭、逊札保、浩色、社哩、伯都讷、蒙古喀伦、萨库哩等十一站，每站丁三十名，马、牛数如之。

额赫穆、拉法、退抟、必尔罕、沙兰、意气松、额摩和、搭拉、宁古台、蜚克图、苇子沟、佛斯奇、妙嘎山、富拉珲、崇古尔库、色勒佛特库、鄂尔国木索等十七站，每站丁二十五名，马、牛数如之。

通沟镇、哈顺、穆克德和、玛勒瑚哩、萨奇库、珲春城、双城堡、五常堡等八站，每站丁二十名，马、牛数如之。新官地、老松岭、瑚珠岭、密占、大坎子等五站，每站丁十五名，马、牛数如之。

驿 站

隶各属地方，分注列说。

吉林府境十站

自吉林城外十里乌拉站起，向西七十里至蒐登站，七十里至伊勒门站，五十五里至苏瓦延站，三十五里接伊通州界。又自乌拉站东行九十里至额赫穆站，八十里至拉法站，六十五里至退抟站，三十里接敦化县界。又自乌拉站北行六十里至金珠鄂佛罗站，六十里至舒兰河站，五十里至法特哈站紧接伯都讷界。

伊通州境五站

自吉林府苏瓦延站三十五里入州界，二十五里至伊巴丹站，六十里至阿勒谈额墨勒站，六十里至赫尔苏站，八十里至叶赫站，五十五里至蒙古霍罗站，过此五十五里接奉天府开原县界。

敦化县境三站

自吉林府退抟站三十里入县界，五十里至意气松站，四十里至额摩和站，七十里至通沟站，五十里接宁古塔界。

伯都讷厅境八站

自吉林府法特哈站西南紧入厅界，五十里至登伊勒哲库站，向西北四十里至盟温站，六十里至陶赖昭站，六十里至逊札保站，三十五里至浩色站，六十里至社哩站，七十里至伯都讷站，八十里接黑龙江界。又自登伊勒哲库站东北，八十五里至蒙古喀伦站，一百十里接五常厅界。

五常厅境一站

自伯都讷厅蒙古喀伦站一百十里西入厅界，十里至五常站，四十里接双城厅界。

双城厅境二站

自伯都讷厅蒙古喀伦站十里南入厅界，七十里至拉林多欢站，西北七十里至双城站。

宾州厅境四站

自双城、拉林多欢站四十里西入厅界，三十里至萨库哩站，六十五里至蜚克图站，七十里至苇子沟站，六十里至色勒佛特库站，七十三里接三姓界。

三姓境五站

自宾州厅色勒佛特库站，七十三里紧接佛斯亨站，七十三里至富拉珲站，七十里至崇古尔库站，七十二里至鄂尔国木索站，六十八里至妙噶山站，五里至三姓城。

宁古塔境九站

自宁古台站起西行八十里至沙兰站，六十里至必尔罕站，六十里至搭拉站，十余里接敦化县界。又自宁古台站南七十里至新官地站，六十里至玛勒瑚哩站，六十里至老松岭站，六十里至萨奇库站，六十里至瑚珠岭站十余里接珲春界。

珲春境五站

自珲春城站北六十里至密占站，六十里至穆克德和站，四十五里至大坎子站，三十八里至哈顺站百余里接宁古塔界。

光绪十八年二月

田　赋

吉林各府厅州县，除长春府、农安县地属蒙古，并无额征租赋外，其旧有吉林府并府属伊通州、敦化县暨伯都讷厅、宁古塔、三姓陈民旧地，均系分上、中、下三则起租，银、米各半征收。每米一石，折征银一两，上则地每亩征地银三分，折征米银六分六厘；中则地每亩征地银二分，折征米银四分四厘；下则地每亩征地银一分，折征米银二分二厘。续增新地，每亩征地银八分，折征米银四厘四毫二丝五忽。新设之宾州厅、五常厅、双城厅等处，自光绪五、六年间始放荒地，招民垦种，定为三年后升科，不分等则，每垧征大租钱六百文，小租钱六十文。嗣于光绪十二年，经将军希元奏明，改征银款，每垧改征大租银一钱八分，小租银一分八厘。大租银两抵充俸饷，小租银两作为征租心红纸张之需。俗称，每垧计地十亩。

各属地亩应征银数

吉林府

陈民旧地六十五万三千六百五十三亩，三则共征地银五千一百五十一两五钱四分，折征米银一万一千三百三十三两三钱八分八厘。续增新地一十九万九千五百九十八亩，不分等则，共征地银一万五千九百六十七两八钱四分，折征米银八百八十三两二钱二分二厘。又新增围荒地一十八万零八百四十四坰零一分三厘，共征大租银三万二千五百五十一两九钱二分二厘三毫四丝，小租银三千二百五十五两一钱九分二厘二毫三丝四忽。

伊通州

陈民旧地二十五万四千九百八十四亩，三则共征地银二千七百一十二两七钱八分五厘，折征米银五千九百六十八两一钱二分七厘。又续增新地一十二万六千八百零一亩，不分等则，共征地银一万零一百四十四两零八分，折征米银五百六十一两零九分四厘。又新放伊通河围荒地二万五千七百五十四坰七亩四分，共应征大租银四千六百三十五两八钱五分三厘二毫，小租银四百六十三两五钱八分五厘三毫二丝尚有未垦荒地三万六千九百四十九坰七亩九分，未经起租。

敦化县

陈民旧地六百四十四亩，三则共征地银六两四钱五分五厘，折征米银十四两二钱零一厘。又续增新地四百六十六亩，不分等则，共征地银三十七两二钱八分，折征米银二两零六分二厘。又新开荒地三万二千四百四十三坰一亩，共征大租银五千八百三十九两七钱五分八厘，小租银五百八十三两九钱七分五厘。

长春府

地属蒙古，向系借地养民，并无额征租赋。

农安县

地属蒙古，向系借地养民，并无额征租赋。

伯都讷厅

陈民旧地九万九千九百七十八亩八分五厘，三则共征地银一千零五十五两八钱零八厘，折征米银二千三百二十二两七钱七分七厘。又续增新地二十四万六千三百六十九亩，不分等则，共征地银一万五千六百五十三两二钱，折征米银一千零八十七两零六分八厘。又厅属八号荒等处，于光绪六、七年丈放，原浮荒地二十八万零三百二十一坰八亩一分三厘，共征大租银五万零四百五十七两九钱三分八厘，小租银五千零四十五两七钱九分三厘八毫。

宾州厅

额地一十九万四千七百三十三垧九亩六分，共征大租银三万五千零五十二两一钱一分二厘八毫，小租银三千五百零五两二钱一分一厘二毫八丝。

五常厅

额地一十一万七千四百零九垧四亩四分九厘，共征大租银二万一千一百三十三两七钱零八毫二丝，小租银二千一百一十三两三钱七分零八丝二忽。

双城厅

额地一十三万七千一百四十五垧八亩，共征大租银二万四千六百八十六两二钱四分四厘，小租银二千四百六十八两六钱二分四厘四毫内于光绪十六年划归协领衙门，经征地六万零七百三十七垧六亩一分。

宁古塔

原额地四万五千五百一十六亩，乾隆四十六、七年丈出流民垦地一千三百二十一亩，共征地米银一千六百九十八两零四分六厘。

三　姓

原额地一百二十亩，三则共征地银二两四钱，折征米银五两二钱八分。又续增新地六十六亩，共征地银五两二钱八分，折征米银二两九钱二分零五毫。

珲春

其应征田赋现未册报。

旗田

吉林本城八旗及蒙古旗八佐、鸟枪营旗八佐地，共十八万四千五百三十六垧二亩。

水师营左、右两翼地，共五千九百七十五垧三亩。

金珠鄂佛罗管下二十二站地，共四万八千六百五十五垧。

乌拉额赫穆管下二十站地，共六万三千三百六十一垧。

伯都讷旗地，共六万九千零十一垧。

阿勒楚喀拉林旗地，共三万六千二百七十八垧。

打牲乌拉旗地，共四万零三百三十八垧。

宁古塔旗地，共六万五千二百九十垧。

三姓旗地，共八千一百一十六垧。

三姓随缺地，二万九千零八十垧。

珲春旗地，共一万二千零十五垧。

以上旗地统共五十六万二千六百五十五垧五亩。无赋额。

官庄

每丁纳谷三十石入仓。

吉林官庄五十处，额地一万五千二百四十八垧三亩，壮丁三百四十六名，共纳仓粮一万一千一百九十七石四斗五升。

宁古塔官庄，额地一千五百六十垧，额丁一百三十名，共纳仓谷三千九百石。

三姓官庄地一千八百垧，额丁一百五十名，共纳仓谷四千五百石。又十五牛录耕种义仓地四百五十垧，共纳仓谷七百二十石。

伯都讷官庄三处，额地七百二十垧，壮丁六十名，共纳仓谷一千八百石。

阿勒楚喀拉林官庄六处，额地七百二十垧，壮丁六十名，共纳仓粮一千八百石。

乌拉总管所属尤家屯、张家庄子、前其塔木屯、后其塔木屯、蜂蜜屯官庄五处，共纳仓粮三千零二十四石。又凉水泉官庄地一万四千垧，额征租钱八千四百吊。喀萨哩官庄地一千七百垧，额征租钱八百吊津贴各官庄差务。

吉林三道喀萨哩官庄地二千八百八十二垧三亩，内有照旧纳租地一千四百七十二垧七亩，每垧征租粮六斗，共征谷八百八十三石六斗二升，折制钱一千零十六串一百六十三文，又改征租钱地一千四百零九垧六亩，每垧征租钱六百六十文，共征租钱四百六十五串一百六十八文。

光绪十八年二月

税 课 盐、铜无

斗税按斗抽收，分别粗细粮石，每斗抽钱自十文至三十文不等，无定额。

杂税，烟、酒、牲畜、木植四项。烟叶，每百斤税银二钱。烧酒，每百斤税银四分。牲畜，每价银一两，税银三分。木植，每十根抽一，尽征尽解。

店课，每家每年纳课银二两如有新开、荒闭，随时增减。

当课，每家每年纳课银二两五钱如有新开、荒闭，随时增减。光绪十三年，因郑工需款，遵照部咨，每家预交二十年课。

牙秤，每家每年纳课银一两五钱。

香磨，每座每年纳课银二两。

烧锅税课，按票征收，每领票一张，纳课银五百两。其吉林、长春两府，烧锅每票一张纳课钱七百二十吊作为定额，如荒闭一家，大众摊补。其新设之小烧锅，每筒纳课银二百两。

田房税契，每价银百两，税银三两。

山海土税，即土产，三十八宗。牛鹿筋，每十斤税银一钱一分三厘三毫。鹿角，每十斤税银二分八厘三毫。芝麻，每斗税银八厘七毫。青靛，每百斤税银五分。线麻，每百斤税银八分五厘。苘麻，每百斤税银四分二厘五毫。豆油，每百斤税银三分四厘。苏油，每百斤税银三分四厘。麻油，每百斤税银三分四厘。牛油，每百斤税银九分九厘九毫。瓜子，每百斤税银八分五厘。大盐，每百斤税银八分五厘。花蘑，每十斤税银四分二厘五毫。榆蘑，每十斤税银八分五厘。冻蘑，每百斤税银一钱四分二厘。木耳，每十斤税银五分二厘二毫。杂鱼，每十斤税银八厘五毫。鱼骨，每斤税银二分八厘三毫。蟹肉，每十斤税银二分八厘三毫。海参，每十斤税银一钱四分二厘。海茄子，每十斤税银二分一厘三毫。海菜，每百斤税银五分六厘七毫。鹿茸，照每价钱一吊税银一分四厘二毫。虎骨，照每价钱一吊税银一分四厘二毫。豹皮，每张税银一钱二分一厘。水獭皮，每张税银九分一厘八毫。狐皮，每张税银二分三厘八毫。貉皮，每张税银二分三厘八毫。狼皮，每张税银三分。貂皮，每张税银二钱八分七厘。虎皮，每张税银九分九厘三毫。獾皮，每十张税银四钱二分二厘五毫。羊皮，每十张税银八分五厘。狗皮，每十张税银五厘七毫。骚鼠皮，每百张税银二钱四分七厘八毫。灰鼠皮，每百张税银一钱一分四厘。土面碱，每斤税银二分八厘八毫。烟膏，照每价钱一吊税银五厘七毫。鱼税，每领网窝一处，每年纳课银二十两。

七厘捐由各栈店抽收，每卖钱一吊，抽捐钱七厘由商自行解省充饷。

四厘捐由各栈店抽收，每卖钱一吊，抽捐钱四厘充宝吉钱局经费。光绪十三年六月奏准。

洋药税，每百斤税银八十六两。

洋药厘捐，每卖一两，捐银二分。

各处额征税银数目列后

吉林分巡道每年经征斗税，约收市钱一十一万吊，上下按六、腊月报部，银价折易银三万余两此项税银自光绪七年经前将军铭安奏准试办，始归户司经理，八年拨归道署委员征收，除扣支一成工食，余俱留支各属廉俸、办公、役食、勇粮银两，按年造册报部。

吉林府每年经征杂税银九百二十六两二钱七分，店课银二十两十五年分店行十家，香磨课银八两，当课一百六十二两五钱十五年分当铺六十五家，牙秤税银十五两，田房税契银三百余两十五年分收银三百四十两零二钱四分。

伊通州每年经征杂税银八百零一两归吉林府并额报解，店课银十二两十五年分店行六家，当课银五十二两五钱十五年分当铺二十一家，田房税契银二百余两十五年分收银二百六十两。

敦化县每年经征杂税银五十八两四钱归吉林府并额报解，当课银二两五钱十五年分当行一家，田房税契银二十余两十五年分收银二十四两六钱。

长春府每年经征杂税钱一万六千八百吊以每两三吊五百三十文折银解交，土税钱三万六千吊。

农安县每年经征杂税钱一万一千二百吊以每两三吊五百三十文折银解交，当课银二十两十五年分当铺八家，土税钱三千六百吊。

伯都讷厅每年经征杂税银二千八百六十三两四钱八分，店课银二十四两十五年分店行十二家，当课银一百四十二两五钱十五年分当行五十七家，牙秤课银三两，田房税契银六百余两十五年分收银六百七十七两六钱五分。

五常厅每年经征杂税银六百六十五两，田房税契银九百余两十五年分收银九百四十九两八钱。

宾州厅每年经征杂税银一千二百六十两，店课银三十二两十五年分店行十六家，牙秤课银六两，田房税契银一千一百余两十五年分收银一千零八十五两七钱五分二厘三毫。

双城厅每年经征杂税银一千一百九十两，店课银十二两十五年分店行六家，当课银七十两十五年分当铺二十八家，牙秤课银六两，田房税契银二百余两十五年分收银二百一十一两六钱。

宁古塔副都统衙门经征杂税银一千六百一十三两七钱一分二厘八毫，当课银十二两五钱十五年分当铺五家，烧锅票课钱一万吊七厘，捐钱四千一百吊四厘，捐钱二千三百四十二吊八百五十文，盐税钱二百四十五吊六百八十文，油税钱五百六十八吊四百八十八文，洋药税钱八十九吊零七十文，洋药捐银二百一十四两零二分。

三姓副都统衙门每年经征杂税银八百二十七两七钱零五厘，店课银六两十五年分店行三家，当课银十二两五钱十五年分当铺五家，牙秤课银七两五钱，木植税银一百二十八两二钱七分，黄烟税银十七两八钱，貂皮税银一百八十四两八钱，土税钱四千九百吊。又江关土税钱四千五百吊光绪七年前将军铭安奏准，在三姓东北巴彦哈达地方，添设护江关一道，征收是税，洋药税钱二十吊零一百八十四文，洋药捐银四十五两一钱七分。

珲春副都统衙门每年经征杂税银一百五十两，土税钱三百二十吊，洋药税钱八吊四百六十二文，洋药捐银二十六两一钱四分。

吉林将军衙门每年委员经征吉林府烟酒税银二万八千两，木植税银三千七百两此项税银除拨给将军、副都统、吉林府津贴外、尽数存库备拨，洋药税钱一千五百八十五吊，洋药捐银四千四百七十三两三钱六分。

官参局每年经征吉林、长春两府烧锅额票一百五十张，共纳课钱十万八千吊；伯都讷厅烧锅额票三十二张，共纳课银一万六千两；阿勒楚喀、拉林、宾州、双城烧锅额票四十张，共纳课银二万两其新设之小烧锅，每筒纳课银二百两，无定额。

吉林府属每年经征土税钱二万八千吊。

伯都讷厅副都统衙门每年经征土税钱一千四百吊，鱼税银一百二十两，洋药税钱五十三吊二百三十六文，洋药捐银一百一十七两六钱八分。

阿勒楚喀副都统衙门每年经征土税钱六千八百吊，洋药税钱三千三百二十五吊五百九十六文，洋药捐银七千五百六十二两六钱四分。

五常堡协领衙门每年经征土税钱一千零八十吊，洋药税钱十八吊九百四十八文，洋药捐银四十一两三钱五分。

双城堡协领衙门每年经征土税钱二千二百四十吊，洋药税钱一百二十三吊二百三十二文，洋药捐银二百七十八两六钱三分。

拉林协领衙门每年经征土税钱一千五百八十吊，洋药税钱三十五吊五百零八文，洋药捐银七十九两五钱三分。

吉林省城每年额收七厘捐钱八万吊。

伊通州每年额收七厘捐钱一千吊。

敦化县额穆赫索罗每年额收七厘捐钱五百吊。

长春府每年额收七厘捐钱十万吊。

农安县每年额收七厘捐钱三千五百吊。

伯都讷厅每年额收七厘捐钱六千五百吊。

伯都讷城每年额收七厘捐钱五千一百吊。

阿勒楚喀每年额收七厘捐钱一万一千吊。

五常堡每年额收七厘捐钱一千二百吊。

双城堡每年额收七厘捐钱一万二千吊。

拉林每年额收七厘捐钱三千一百吊。

宁古塔每年额收七厘捐钱四千一百吊。

三姓每年额收七厘捐钱二千吊。

珲春每年额收七厘捐钱一千吊。

乌拉每年额收七厘捐钱一千吊。

以上通省共收七厘捐钱二十三万二千吊，尽征尽解，归入俸饷，造报题销。

吉林通省每年抽收四厘捐钱十二万吊上下充宝吉钱局经费。此款系属商捐，向归外结，并不造册报销。

光绪十八年二月

户　口

吉林自放荒以来，流民络绎，迁徙无定，新设各属尚未设丁，所有旧设行差人丁，均系陈民，每丁征银一钱五分。光绪九年，经将军铭安奏明，将吉林、伊通州、敦化县等处应征丁银摊入地银征收，每地银一两，摊丁银一钱零九厘六毫三丝。

吉林府

土著民户三万九千九百六十四，丁口二十二万四千五百三十四，额定行差人丁一万六千六百四十五丁，共应摊征丁银二千三百一十五两三钱一分六厘。

伊通州

土著民户二万七千七百九十七，丁口十二万三千一百九十五，额定行差人丁八千一百七十七丁，共应摊征丁银一千四百零九两四钱九分。

敦化县

土著民户一千四百十三，丁口九千六百二十，额定行差人丁四十二丁，共应摊征丁银四两七钱九分四厘。

长春府 　地属蒙古，并无额征丁银。

土著民户二万三千九百七十五，丁口九万二千一百二十。

农安县 　地属蒙古，并无额征丁银。

土著民户七千三百三十五，丁口二万八千二百一十。

伯都讷厅

土著民户一万四千四百三十六，丁口十万一千一百六十九，额定行差人丁一万四千三百四十九丁，共应征丁银二千一百五十二两三钱五分。

五常厅 　缺系新设，并无额征丁银。

土著民户一万一千一百五十九，丁口九万九千八百六十。

宾州厅

土著民户四千八百八十二，丁口二万七千四百四十七，额定行差人丁一千一百七十六丁，官庄人丁三十六丁，共一千二百一十二丁，共应征丁（耗）银，一百九十九两九钱八分。

双城厅

土著民户一千八百三十一，丁口二万五千四百三十三，额定行差人丁一千八百三十一丁，共应征丁银三百二十九两五钱八分。

阿勒楚喀　户口归入宾州厅列载

额定行差人丁三千零七十四丁，共应征丁银四百六十一两一钱无田赋。

宁古塔

土著民户一千七百五十三，丁口九千五百二十三，官庄户八百九十五，丁口二千八百二十四，额定行差人丁一千三百五十一丁，共应征丁银二百零二两六钱五分。

三　姓

永凝社土著民户四百一十六，丁口五千零九十一，官庄户一千零十五，丁口六千八百六十四，额定行差人丁四百零九丁，共应征丁银六十一两三钱五分。

珲　春　无丁银

土著民户一千二百五十，丁口一万五千二百。

光绪十八年二月

刑　案

吉林将军行营设有盗案局一所，审理各营获送盗犯。清讼局一所，审理上控暨词讼案件。光绪十一年，将清讼局裁撤，归并盗案局，盗犯于审明后即行就地正法就地正法章程，起于咸丰三年，嗣于光绪八年部议停止，经将军希元奏准，将寻常盗案规复旧制，其情罪重大各犯，仍请就地正法。此局系于光绪三年经前将军铭安奏设，向派候补知府一员总司其事，候补同通州县随同审理案件，凡旗署军流徒各案，由局呈请交刑司复核咨部；民署军流徒各案，由局呈交吉林府谳局复核审转，枷杖人犯，即由局发落。

吉林将军衙门设刑司、协领、笔帖式等官，审理宁、姓、珲等处各副都统衙门解勘案件刑司于咸丰元年奏添理刑主事一员，由京拣放。同治三年，经署将军皂保奏请，将理刑主事一员裁撤，添设满郎中一员掌印，汉员外郎一员主稿，汉主事一员帮稿，由京拣放，审转各局解勘案件。光绪八年，又经将军铭安奏请添官设署，将府、厅、州、县命盗案件，统归吉林道转核，仅将宁、姓、珲各副都统衙门命盗案件，仍归刑司转核，并将帮稿主事一员裁撤。十二年，经将军希元因讼狱轻减，奏请将掌印主稿之京员裁撤，仍复旧制，设协领一员掌理关防，笔帖式二员专司主稿。

吉林府设有发审局一所，审理将军、吉林道衙门交审命盗词讼案件。

吉林省秋审，凡府、厅、州、县各民署秋审人犯，均定限于三月内解勘，由吉林道汇册，转由将军具题。其宁、姓、珲等处各副都统衙门秋审人犯，则由刑司核办。

各府、厅、州、县命案，凡斩、绞监候人犯，均于审明后解，由吉林道勘转将军核咨。立决人犯，专案具奏。

各府、厅、州、县盗案，罪干斩枭者，均于审明后，径详将军批饬，就地正法，年终汇题。

各府、厅、州、县军流人犯，奏部覆准后造册详由吉林道定地发配。

各府、厅、州、县徒犯内结者奉部覆准后，外结者奉批后造册详送吉林道，转由将军先行咨会奉天将军定地迳解配所充徒，年终造册汇咨。

各府、厅、州、县差役有无私设班管刑具，年终出结咨部。

各府、厅、州，县有无永远枷号人犯，年终汇报大理寺备查。

囚衣囚粮章程

监犯每名日给仓谷一升六合六勺，折米八合三勺，每名日给薪菜制钱四文。

监犯自十月二十日起至次年正月底止，每名日给木炭制钱三文。

监犯每名每岁发给棉衣一件，折制钱九百文。

狱房每间月给灯油制钱四百五十文。

一、刑司大狱一所，狱房十五间，狱神庙一间，巡更堆拨房四间，狱官住房三间。

一、吉林府监狱一所，狱犯房十二间，女监犯房二间，更房二间。

一、伊通州监狱一所，内狱犯房十间，外狱犯房五间，女狱犯房二间，禁卒房四间，更房一间。

一、敦化县监狱一所，内狱犯房十间，外狱犯房五间，女狱犯房二间，禁卒房四间，更房一间。

一、长春府监狱一所，狱犯房十间，禁卒房四间，更房二间。

一、农安县监狱一所，狱犯房八间，禁卒房一间，更房二间。

一、伯都讷厅监狱一所，内狱犯房十间，外狱犯房五间，女狱犯房二间，禁卒房四间，更房一间。

一、五常厅监狱一所，内狱犯房十间，外狱犯房五间，女狱犯房二间，禁卒房四间，更房一间。

一、宾州厅监狱一所，内狱犯房十间，外狱犯房五间，女狱犯房二间，禁卒房四间，更房一间。

一、双城厅监狱一所，内狱犯房十间，外狱犯房五间，女狱犯房二间，禁卒房四间，更房一间。

一、阿勒楚喀副都统衙门监狱一所，狱犯房九间，看守堆拨房三间。

一、伯都讷副都统衙门监狱一所，狱犯房三间，看守堆拨房二间。

一、宁古塔副都统衙门监狱一所，狱犯房七间，看守堆拨房三间，巡更堆拨房三间。

一、三姓副都统衙门监狱一所，狱犯房五间，看守堆拨房三间。

一、珲春副都统衙门监狱一所，狱犯房五间，看守堆拨房三间。

光绪十八年二月日

山　隘

吉林府

北山　城外演武亭北，高三百余步，层峦环抱，绵亘四十余里，为城北屏障。

一拉木山　城东南七里余，在松花江东，又名东团山，与西团山两峰遥对，左右拱峙。

望祭山　即温德亨山，城西南九里，高一百五十步，周五里。

尼什哈山　城东十二里，高三百步，周十里。

雅尔呼达山　城西二十里，周四十余里。又西九十里，有伊拉齐山。

巴延博多和山　城南二十里，周十里。

阿济格山　城南三十三里，高一百五十步，周五里余，亦作阿脊革峰。

佛尔们山　城南四十五里，高四里，周十里。

老爷岭　旧名那木窝稽，又名纳木窝集，亦曰小乌稽，即前史所称黑松林也。城东八十里，高三里余。

嵩岭　旧名色齐窝集，又名塞齐窝稽，亦曰大乌稽，俗呼张广才岭。城东二百十二里，高五里，南接英额岭，北连三姓诸山，石路崎岖，仅容车马，实为省城东路门户。

那尔哔山　城南松花江以西三百里，迤南接长白山，连赵大吉山一百五十里，西北接伊通州磨盘山四十五里，绵连于府之北山，环绕于东北而入伯都讷界，江东北干山，其脉亦自长白山而来，北连嵩岭而入五常厅界。

长白山　城东南横亘千余里，东自宁古塔，西至奉天诸山，水皆发源于此。

分水岭　亦名黑林岭，即长白山南麓一干，盘曲西北指者也。

伊通州

东尖山　州北十二里。西尖山　州西北八里。横头山　州东北三十里。马鞍山　州西北三十里。大孤山　州西三十五里。小孤山　州西七十五里。大黑顶子山　州南三十里。黑顶子山　州东南四十里。大顶子山　州东北八十里。莫里青山　州西北四十五里。放马沟山　州西北九十里。万宝山　州东南一百里。朝阳山　州东南一百三十五里。刷烟冈　州西一百六十里。扇面山　州东南一百七十九里。磨盘山　州东南一百八十里。仙人洞山　州东南一百九十里。羊拉山　州西北一百九十里。椅子山　州东南一百九十余里。牛心顶子山　州东南二百十里。孤顶子山　州东南二百十里。三个顶子山　州东南二百十余里。火石

岭　州西二百十余里。草面山　州东南二百二十里。帽儿山　州东南二百二十五里。大锅盔山　州东南二百二十五里。小锅盔山　州东南二百三十里。刚叉山　州东南二百三十里。莺嘴磊子山　州东南二百四十里。七个顶子山　州东南二百五十里。窟窿山　州东南二百六十里。交界顶子山　州东南二百六十余里。搭连山　州东南二百七十里。朱奇山　州东南二百八十里。悬羊磊子山　州东南二百七十里。龙潭山　州西南二百八十里。太安山　州西南二百九十里。船底山　州东南三百九十里。四方顶子山　州东南四百十里。那尔轰岭　州东南五百里。

敦化县

小青山　县西南二十里。红石磊子山　县西南三十里。大荒沟山　县南七十里。土顶子山　县西南七十里。双芽子山　县西南七十里。乌松磊子山　县西北八十里。三个顶子山　县西南九十里。哈尔巴岭　县东南一百里。四方台山　县东一百十里。双庙岭　县南一百十里。帽儿山　县西南一百二十里。小平山　县西北一百三十里。青山子　县西北一百三十里。大秫秸垛岭　县南一百四十里。老岭冈　县西南一百六十里。老白山　县北一百六十里。威虎岭　县西一百七十里。嵩岭　县西北一百八十里。

长春府

富丰山　府西三十五里，即巴彦朱尔克山，山有两峰，西属昌图府。

农安县

境内无山。

伯都讷厅

龙头山　厅东北三十里。万寿山　厅东五十里，高五丈，俗名石塘。青顶子山　厅东五十里，高一里余。团山子　厅东南五十余里，高一里余。牛头山　厅东北六十里，高八丈，兰陵河环绕山东南。雷霹山　厅北六十里。珠尔山　厅西北一百二十里，高十丈，东北入兰陵河。鹰山　厅西三百里。

五常厅

杏花山　厅南五里。炕檐山　厅南三十里。沙儿山　厅北三十五里。桃尔山　厅北四十里。连环山　厅东南五十里。云梯山　厅东南五十五里。长寿山　厅西南八十里。云盘山　厅东南九十里。太平山　厅东一百里。向阳山　厅南一百里。元宝山　厅东北一百八十里。拉林山　在厅东南，按《满洲源流考》：拉林河源出拉林山，在吉林城东北二百四十里。今考境内东南诸山，皆值吉林之东北，计其道里，亦约略相符，而拉林河正发源于窝集西北，则知境内东南诸山，近拉林河者为拉林山矣。硕多库山　厅东一百八十里，山西为大青川，山东为大度川，迤逦而北，距厅六十里。山南之水入莫勒恩河，山北之水入阿勒楚喀河。

宾州厅

嘉松阿山　厅南一百四十里，高十四里，周五十五里，其脉自长白山北英额岭来，绵延于厅之南境，俗呼西老岭。西南为拉林境，迆北阿勒楚喀水源。罗拉密山　厅东南三百余里，其脉自色齐窝集环绕于东，俗呼东老岭。

双城厅

双山子　厅东北一百二十里。马鞍山　距厅一百四十里。团山子　厅东一百八十里。帽儿山　厅东南二百里。

宁古塔

大王山　城东五里，高二里，周三里，上有古城。东、西、北三面陡不可上。博罗哈达山　城东北十五里，形如凉帽。兴额哩温车恨山　城北二十里。二龙山　城南四十里，二山环抱，如二龙斗珠，因以为名。老黑山　城北三十里，高三里。山顶平坦，周二十余里。红山　城西四十里，此山孤立，产红石如珠，山下即牡丹江。旧卡伦山　城北六十里，俗呼凤凰山，高十余丈，上有野花池，艳绝无比，山之西近出五色玉石，近水者佳。龙头山　城西北六十里。密占山　城西北六十里。杏花山　城西南八十里，山顶宽坦，向产花果。平顶山　城南七十里，周五里。

布腊山　城西南一百十里，临镜泊湖，高五里，周一百里。长山　城南一百里，周三十余里，南接老松岭。玛尔瑚哩窝集　城南一百五十里，嘎哈哩河发源于此，上有古庙，洞长十余里，树木丛翳。

三　姓

马鞍山　城东南十八里，窝坑河由东南来，经山西北流入松花江。红石砬子　城北三十里。烟筒山　城北五十里。查胡兰山　城北七十里以上三山松花江北岸。四个顶子山　城东南六十里。长岭子　城东南七十五里。庙尔岭　城南一百六里，牡丹江之东。老鹳窝山　城东南一百十四里，苏木河由此流入窝坑河。土龙山　城东南一百二十里，迤南二十里横头山，窝坑河东南来，经山西北流入松花江。广丰山　城东南一百四十里。尔吉利山　城西一百六十三里。丹阳山　城西二百三十里，玛珽河自西南绕山，北流入松花江。锅葵山　城南三百三里，牡丹江由南顺流，经山西北入松花江。

珲　春

长岭子　城南三十里，迤南为黑顶子，由岭向东南斜行十五里至横道河子，俄设喀伦。由岭北行十里至二道河子，新设边卡。夏查山即黑顶子山　距城南鸟道六十里，山行八十里。光绪十三年与俄勘定界址，以山阳之水入江者为华界，山阴之水入海者为俄界。佛多石岭　距城六十里，东连呼兰哈达，西接神仙顶子，岭南俄界，岭北华界。由岭南下折而东行五十里至岩杵河，为俄人屯兵之地。和龙峪、光霁峪　城西二百余里，南与朝鲜会宁府、钟城府毗连，今设通商局于此。通肯山　其脉自长白山来，距城东北二百八十里，为群山之主。南为珲春河，西为哈顺河。发源处层峦叠嶂，环绕四百余里。西南为分水岭，绵亘四百余里，直至图们江口，其间之山：曰呼兰哈达、曰佛多石岭、曰乌尔吉及巴彦和硕、曰长岭子、曰夏查山、曰达尔吉山。咸丰十年与俄分界，即以诸山之背划分，山阳之水入海者为俄界，山阴之水汇入珲春河者为华界。天宝山　城西北三百里，北连哈尔巴岭，今设厂开凿银矿。

富克锦

乌尔古力山　城东三十里。毕兰印山　城西六十里，北枕松花江。一窝蛋山　城西南一百二十里。哈达密山　迤北玛库力山、迤西小黑山，城西南二百余里。德依很山　城西南二百二三十里。小黑山　东南接七星碰子，迤东青嘴子、阿尔哈山、大锅葵、发希山、角诸山，东西绵亘二百五十里。北距城二三百里，荒林丛翳，人境绝迹。七虎林山　城东南四百余里，南接三姓，迤东佛力山接巴依克力山，直达乌苏里江西岸，万山重叠，赫哲捕贡往来。

乌　拉

锦住峰　城东高七十五丈。牛山　城东南高三十丈。太平山　城西二十里。九泉山　城西北二十里，九泉奔流，冬夏不绝。团山　城东二十三里，高五十四丈。锦州哈达山　城北二十五里，南带松花江，北连尖山，上遗古城址，一石肖人形。古路岭、大砑子山　均在城东南三十里。大砑子，又名色哈哩哈达山。弗阿库山　城西北三十五里，高二百三十二丈。凤凰山　城东北四十里。相传昔年凤凰栖止，因名。今西北隅有巨石，爪迹宛然。其源自长白山蜿蜒而来。额阿哈达峰　城西北四十里，峰上云生必雨。尖山　城西北四十余里，高峰矗立，耸入云霄。猴石山　城南四十里，以一石似猴而名。聂玛什峰　城西北四十里。老牛星山　城西北五十里。万宝山　城西北七十里。撒尔达山　高七十七丈。伐木兰峰　高二百十二丈，在城西北。松花江以西诸山，其脉由此而起。

光绪十八年二月

天　度

吉林省城，北极出地高度四十三度四十七分，偏东经度十度二十七分。

伊通州高度四十三度十二分，偏东经度九度八分。

敦化县高度四十三度三十八分，偏东经度十一度三十八分。

长春府高度四十三度四十一分，偏东经度八度三十三分。

农安县高度四十四度三十五分，偏东经度八度四十分。

伯都讷厅高度四十五度十五分，偏东经度八度三十七分。

五常厅高度四十五度四十七分，偏东经度十度十四分。

宾州厅高度四十五度四十一分，偏东经度十一度五分。

双城厅高度四十五度四十分，偏东经度九度二十分。

伯都讷高度四十五度二十分，偏东经度八度三十七分。

阿勒楚喀高度四十五度三十八分，偏东经度十度十二分。

宁古塔高度四十四度四十六分，偏东经度十三度十分。

三姓高〔度〕四十七度二十分，偏东经度十三度二十分。

珲春高度四十二度四十分，偏东经度十四度十五分。

富克锦高度四十七度四十七分，偏东经度十六度二十五分。

光绪十八年二月

吉林省水道

松花江　原名混同江，又名鸭子河，又名松阿哩江，又名宋瓦江，即古粟末水也。粟，或作速。江有东西二源，东出长白山巅之潭，激湍奔注，瀑布千寻，俗名图拉库。二派分流，东曰安巴图拉库河，西曰阿济格图拉库河。行数千里，汇流。其东北又有尼雅穆尼雅库河北流入焉。西源亦有二派，东曰额赫额音河，西曰三音额音河，皆自长白山西发源，北流与东派诸泉会为一。又北流八百余里，绕吉林省城之东南，北流出柳边；又东南流入长春府境，达农安县境；折而西北，经伯都讷城，又北流汇嫩尼江水，入宾州厅境；又西北流折而东环绕双城厅界，又东北流经三姓城北。又东北六百余里，黑龙江自西北来汇，又二百余里会乌苏里江，又稍折北流，绕奇勒尔、赫哲、费雅喀诸部地入海。自发源至此，凡三千五百里。

佟家江　亦作同嘉江，即古盐难水也。源出长白山南分水岭，岭有三泉自谷中出，汇为一，西南流受拉哈河诸水，鸭绿江自东来会，南入于海。

鸭绿江　一名益州江，或呼瑗江，即古马訾水也。源出长白山，西南流与佟家江汇，行五百余里，绕凤凰城之东南入于海。江之东南为朝鲜界。

嫩泥江　即嫩江，亦曰诺尼江，古名难水，亦曰那河。明初曰脑温江，又名忽剌温江，源出兴安岭伊拉古尔山，由黑龙江界流入松花江，在发特哈边门之北，按伯都讷城北稍西百余里也。

牡丹江　即古呼里改江，国初称虎儿喀河，源出老白山，自敦化县南老岭迤逦至帽儿山，东北流六十里汇境内诸水，又东流至宁古塔注入镜泊湖。又从镜泊之发库东北流至三姓城，受境内诸水入松花江。

乌苏里江　宁古塔城东一千余里，源出希喀塔山，东北流汇混同江入海。

伊通河　即易屯河，又名一秃河，或作伊敦，源出新荒青顶子山后央泉眼，北流至伊通州城东，又东北流受伊勒门河，又北流入长春府境，经城东而北受新开河，达农安县城东入松花江。

伊勒门河　即衣儿门河，源出库鲁讷窝集，伊通州城东南二百八十里，北流入吉林府境，折西北流出柳条边入长春府境，受乌苏图乌海河，北流入伊通河。

拉林河　即古涞流河，源出拉林山，由五常厅东南流入伯都讷厅境，曲折西北流入双城厅境，与莫勒恩河汇入松花江。

阿什河　什，一作石，源出嘉松阿山，西流入双城厅境，曲折至厅北流入宾州厅境，至阿勒楚喀河东北入松花江。以上水道之流入旁境者。

吉林府水道

松花江　城东南，注见前。

大风门河　即七努浑河，城西南五十里，源出库鲁讷窝集，东入温登河。

温登河　即温德亨河，城西南五里，源出库鲁讷窝集，东北入混同江。

桦树林子河　城东。

张家湾河　城东。

杨木沟河　城东。

漂河　城南，折流西北，入松花江。

邓潭通河、达应沟河　二河俱流入松花江。

岔路河　源出奉省围荒，北流入境，折流东北入伊勒门河。

拉法河　城东南九十六里，源出朝阳沟，东受桦树林子、张家湾、杨木沟诸河，又西南受大风门河、温登河水汇入松花江。

伊勒门河　城西，注见前。

双阳河　源出暖泉子，折流东北入伊勒门河。

石头河　源出三道沟，折流东北入伊勒门河。

辉法河　《明一统志》作灰扒江，城南三百二十里，源出纳鲁窝集，即大沙河、三统河、柳河合流处，东北流入松花江。

双岔河　城东。

溪浪川　城东北。

温德河　城南。

横道河　城南。

金沙河　城南。

烟筒河　城西南。

大水河　即遂哈河，城西四十里。

五里河　城西。

石头河　城西。

坡泥河　城西北。

北沙河　城西北。

安巴图拉库河　城东南一千一百八十里，一作昂帮土拉库，源出长白山，北流下山，合阿济格图拉库、尼雅穆尼雅库河，即为松花江。

阿济格图拉库河　城东南一千一百八十里，一作阿脊苹土拉库，源出长白山，北流下山，合安巴图拉库、尼雅穆尼雅库河为松花江。

尼雅穆尼雅库河　城东南一千五百二十里，一作娘木娘库，源出长白山顶，东北入安巴图拉库河。

额赫额音河　城南八百十七里，一作厄赫诺引，源出长白山，西北入三音额音河。

三音额音河　城南五百二十里，一作赛因讷因，又作三引诺引，源出长白山，西北流，复折而东北，入松花江。

温水河　城西南九百里，一作汤河，源出纳鲁窝集，东流入三音额音河。

伊通州水道

叶赫河　城西一百四十里，源出嘎哈岭，西流入二道河。

二道河　按：即占尼河，城西南一百六十里，源出奉省围场，北流合叶赫河入威远堡边门，为扣河。

扣河　城西二百五十里，源出奉省围场，北流入境，绕威远堡门，折而西流出边，入奉天开源县界。

杨树河　城西五十里，北流至庄家屯，入大孤山河。

小孤山河　按：即阿脊革雅哈河，城西七十里，源出库鲁讷窝集，北流会大孤山河。

大孤山河　按：即昂邦牙哈河，城西三十五里，源出库鲁讷窝集，北流受杨树河、小孤山河，汇入赫尔苏河。

赫尔苏河　一作黑儿苏，城西一百十余里，源出奉省围场，北流受杨树河、小孤山河、大孤山河诸水，至赫尔苏边门入奉省奉化县境，即辽河上流也。

伊巴丹河　又作一把单，城东二十余里，源出新荒龙旺岗，北流过伊巴丹站，又西北流入伊通河。

伊通河　城南八十里，北流经城东出境，余见前。

黑鱼沟河　城东南一百里，源出腰水泡，东南流入大沙河。

大沙河　按：即辽吉善河，城东南，源出德胜沟，西南流合三统河、柳河，即为辉法河。

当石河　城东南一百七十里，源出黑瞎子岗，南流会亮子河，入辉法河。

亮子河　城东南一百四十里，源出大泉眼，东南流会当石河，入辉法河。

细鳞河　城东南二百二十里，源出三个顶子，南流入辉法河。

呼兰河　城东南二百六十里，源出黄梁子，东南流入辉法河。

交河　城东南三百里，源出围荒四方顶子，西北流汇入辉法河。

三统河　按：即三屯河，城东南，源出纳绿窝集，东北流会大沙河、柳河，即为辉法河。

柳河　按：即土门河，城东南，源出纳绿窝集，合大沙河、三统河，即为辉法河。

色力河　城东南三百二十里，源出围荒四方顶子山，北流入辉法河。

富太河　城东南二百里，源出松树顶子山，南流入辉法河。

辉法河　城东南二百五十里，东北流出境，余见吉林府注。

（坡）〔玻〕璃河　城东南一百七十里，源出生菜沟，北流会依勒门河。

转心河　城东南一百三十里，源出隆旺冈，北流入依勒门河。

伊勒门河　城东南二百四十里余，注见前。

敦化县水道

半截河　城西二十余里，源出小青山，东流入牡丹江。

雷风溪河　城西八十里，源出小平山，东流至黑瞎子沟，入牡丹江。

大石头河　城西一百四十里，源出红石砬子，东流至城山，入牡丹江。

觥觫河　城西，源出觥觫岭，东流入牡丹江。

额木索河　城北一百五十里，源出洋白山，东流至三岔口，入牡丹江。

头道河　城南九十里，源出双庙岭，东北流入沙河。

沙河　城东南一百里，源出哈尔巴岭，北流至三岔口，入牡丹江。

庆阳河　城西北六十里，源出乌松砬子，东南流入牡丹江。

朱尔多河　城西北一百三十里，源出洋白山，东南流至三岔口，入牡丹江。

黑石头河　城西北一百五十里，源出小青山，东流入牡丹江。

黄泥河　城西南八十里，源出三个顶子，东流入牡丹江。

牡丹江　城南三里，东北流至都林河，入宁古塔界，余见前。

长春府水道

松花江　注见前。

乌苏图乌海河　一名雾海河，源出边内，北汇伊通河，入松花江。

穆舒河　即木石河，由边内入境，东南流入松花江。

巴彦河　流入松花江。

新开河　源出富丰山，北流入伊通河。

伊通河　城东北，注见前。

额附泉　即乌里斯泉。

农安县水道

松花江　由长春府属东南望波山入境，至农安县东北八里营出境，余见前。

伊通河　城东，注见前。

伯都讷厅水道

松花江　自金珠鄂佛勒边门西北流入厅境，会拉林河出境，余见前。

拉林河　城东南，注见前。

卡岔河　源出东南亮子山，北流至牛头山，汇厅属诸小河水入拉林河。

五常厅水道

榆树川　　厅南九十里。

杨树河　　厅东七十里，入拉林河。

柳树河　　厅东三十里，入拉林河。

黄泥河　　厅东南三十五里，入拉林河。

腾泥河　　厅东六十里。

大青川　　厅东二百五十里，入大泥河。

大泥河　　源出拉林山，厅东北一百三十里，会莫勒恩河。

七星泡　　厅南三十五里。

拉林河　　厅东南，注见前。

冲河　　厅东南一百五十里。

黑鱼泡　　厅南十里。

霍伦川　　厅西南二百里。

莲花泡　　厅西南十二里。

月牙泡　　厅西北十里。

莫勒恩河　　厅东北四十里，源出拉林山，西北流，与大泥河会，又东流入拉林河。

苇沙河　　厅东一百四十里，自南会大泥河。

响水河　　厅东南一百二十里，北流入莫勒恩河。

八道河、七道河、六道河、五道河、四道河、三道河、二道河、头道河以上诸河，源俱出硕多库山，流入莫勒恩河。

宾州厅水道

松花江　城北受境内诸水，东流入三姓境，余见前。

玛琩河　源出色齐窝集，流入厅东南境，会诸小水入松花江。

阿勒楚喀河　源出嘉松阿山，西北流经阿勒楚喀城，又北流，会诸小水入松花江。

呼兰河、多尔库河、绰洛河、卜尔嘎哩河、卜轮河、卜杂密河、大泡河、头道河子、二道河子、转心河、沙河子、浓浓河、四道河子、三道河子、富勒浑河、林子河、小乔河，萨林河、大崇河、西伯河、乌那浑河、大胡特很河、小胡特很河、巴兰河以上诸水皆北流入松花江。

蜚克图河、乌尔河、海里浑河、三岔河、柳板河、淘淇河、摆渡河、黑河以上诸水皆南流入松花江。

双城厅水道

兰陵河　城南四十里，伯都讷厅东一百三十里。

阿什河　城东南，北流一百六十里，至黄沟出境，余见前。

拉林河　由城东南境曲折流至西北一百一十里，余见前。

松花江　由城北曲折流至厅西北与拉林河会，又东北流一百六十里至黄山嘴子出境，余见前。

宁古塔水道

海兰河　城西北五十里，源出海兰窝集，东流入牡丹江。

商音必尔罕河　一作商坚河，城东四里，源出商音必尔罕窝集，北流入牡丹江。

塔克通泥河　泥，一作阿，城东南四里，源出塔克通阿窝集，北流入牡丹江。

沙兰河　城西八十里，源出西北一百里无名小山，南流入牡丹江。

牡丹江　城南，注见前。

玛尔胡哩河　一作马儿虎力，城西南五十里，源出玛尔胡哩窝集，北流会牡丹江入镜泊湖。

松音河　一作松景，城西南一百里，源出玛尔胡哩窝集，北流入镜泊湖。

阿布河　城西南六十里，源出玛尔胡哩窝集，北流入镜泊湖。

阿兰河　城西一百七十里，源出必尔罕窝集，南流会朱克敦河。

朱克敦河　城西一百六十里，源出必尔罕窝集，南汇入镜泊。

必尔罕河　城西一百四十里，源出必尔罕窝集，南汇入镜泊。一作必儿汉。

扼虎河　城西一百三十里，源出必尔罕窝集，南汇必尔罕河。

镜泊湖　城西南一百十里，源出长白山，群流凑集，至此遂成巨浸，广五六里，长七十余里，自湖东流绕城之南，即为牡丹江。

噶哈哩河　城南一百五十里，源出吗尔胡哩窝集，南流入土门江珲春界。

三道河　城东南一百二十里，源出老岭，下游入索尔霍绰河。

索尔霍绰河　一作朔尔贺绰，城南十里，源出索尔霍绰窝集，北流入牡丹江。

塔兰河　城西百八十里，源出必尔罕窝集，南流会阿兰河。

布泥河　城西九十里，源出西北一百二十里无名小山，南流会法尔撒河。

佛多活河　活，又作贺，城西三百三十里，源出色齐窝集，南流会都林河。

都林河　城西二百十里，源出马鹿沟，南流入牡丹江。

法尔撒河　城西九十里，源出德林石，东流会沙兰河。

莲花泡　城西南八十里，在金上京西二十里，相传为金时塞外之曲江。

北莲花泡　城北七十五里，南近乜河。

海眼　在石头甸子西十余里高山中，方圆八十余里，每日三潮，与海相仿。

三姓水道

穆棱河　即莫力河，一作模棱河，源出穆棱窝集，东流会乌苏里江。

哈达河　城南四百五十里，源出哈达岭，西南流入穆棱河。

挠力河　即诺落河，一作挪落河，城东六百二十里，源出西南无名小山，东流入乌苏里江。

苏木河　城西北一百五十八里，东流入窝坑河。

斐底河　城东南六百里，流入乌苏里江。

西金别拉河　城东南四百八十里，北流入窝坑河。

茄子河　城西一百六十里，北流入窝坑河。

奇塔河　城东南四百二十里，北流入窝坑河。

杨树河　城东南四百里，北流入窝坑河。

小驼腰子河　城东南三百八十里，北流入窝坑河。

偏脸子河　城东南三百七十里，北流入窝坑河。

陡沟子河　城东南三百五十里，北流入窝坑河。

大碾子河　城东南三百三十里，北流入窝坑河。

小碾子河　城东南三百十五里，北流入窝坑河。

杏树沟河　城东南三百里，北流入窝坑河。

羛羊河　城东南二百六十里，北流入窝坑河。

赫兰珠岗河　城东南二百八十里，北流入窝坑河。

鸡心河　城东南二百五十里，北流入窝坑河。

大驼腰子河　城东南二百二十里，北流入窝坑河。

半截河　城东南二百里，北流入窝坑河。

二道河　城东南一百八十里，北流入窝坑河。

头道河　城东南一百七十里，北流入窝坑河。

瓦金别拉河　城东南四百二十里，南流入窝坑河。

巴湖力河　城东南二百十五里，南流入窝坑河。

七湖力河　城东南二百二十五里，南流入窝坑河。

窝坑河　即倭和江，城东南三百四十里，其源莫考，汇诸河入松花江。

西北棱河　城南二百三十里，西流入乌斯浑河。

湖水别拉河　城南二百五十里，西流入乌斯浑河。

额和勒河　城南二百七十里，西流入乌斯浑河。

龙爪沟河　城南二百九十三里，西流入乌斯浑河。

乌斯浑河　城南三百五十里，源自东南来，会西北棱河四水，北流入牡丹江。

博勒河　城南二十五里，北流入牡丹江。

柳树河　城南二百十七里，西流入牡丹江。

莲花泡　城南二百四十三里，流入牡丹江。

三道河　城南三百二十里，东北流入牡丹江。

四道河　城南稍东一百十七里，东流入牡丹江。

五道河　城南稍东，一百三十里，东流入牡丹江。

牡丹江　城西会诸水，北流入松花江，余见前。

舒勒河　城东北六十里，源出四块石山，南流入松花江。

吞昂阿河　即汤汪河，城东北一百里，南流入松花江。

小古洞河　又作小咕嘟，城北五十里，源出恒虎头山，南流入松花江。

大古洞河　又作大咕嘟，城北七十里，源出恒虎头山，南流入松花江。

音达穆河　城东北二百十三里，北流入松花江。

达林河　城西四十五里，北流入松花江。

朱奇河　城西六十二里，北流入松花江。

郭卜奇希河　城西七十七里，北流入松花江。

瓦洪河　城西八十七里，北流入松花江。

北黄泥河　城西一百六十五里，源出丹阳山，西南流，会玛琏河入松花江。

巴阑河　阑又作浪，城东北十七里，源出查胡阑山，南流入松花江。

松花江　城北，注见前。

正身河　城东五百里，源出老岭。

珲春水道

哈顺河　城北一百五十里，源出无名小山，西流一百三十里入嘎雅河。

牛瓮泥雅哈河　城西八十里，西流入嘎雅河。

嘎雅河　城北一百八十里，源出土门子山。西流，受萨奇库河、阿密达河、苦水河、荒沟河又南流，受白草沟河、牡丹川河，又南流会布哈通河入土门江。

城厂沟河　城西北二百里，源出无名小山，西流入布哈通河。

庙尔沟河　城西北一百七十里，源出无名小山，西南流入布哈通河。

细鳞河　城西二百二十里，东流入布哈通河。

朝阳河　城西北一百八十里，源出无名小山，南流入布哈通河。

依兰沟河　城西一百四十里，南流入布哈通河。

穆克德赫河　城西八十里，南流入土门江。

布哈通河　城西北三百二十里，源出哈尔巴岭，东流二十里，受头道沟水，又东流十里，受二道沟水，又东南流一百里受老头沟水，又东流一百六十里会嘎雅河入土门江。

珠伦河　城南五十里，源出盘岭，南流入海。

哈玛沟河　城南三十里，源出盘岭，东南流，会珠伦河入海。

石头河　源出城北无名小山，南流入土门江。

密占河　城西六十里，源出密占窝集，西南流入土门江。

土门河　城东南一百四十里，源出土门子山，东流入珲春河。

骆驼河　城北五十里，南流入珲春河。

六道沟　城东北一百三十里，源出无名小山，南流入珲春河。

五道沟　城东北一百里，源出无名小山，南流入珲春河。

四道沟　城东北九十里，源出无名小山，南流入珲春河。

柳树河　城东北七十里，南流入珲春河。

三道沟　城东北八十里，源出无名小山，南流入珲春河。

二道沟　城东北五十里，源出无名小山，南流入珲春河。

头道沟　城东北一百里，源出无名小山，南流入珲春河。

珲春河　城东北二百五十里，源出通肯山，南流经城西，又南流三十里入土门江。

红丹河　城西南五百里，源出长白山，东北流入土门江。

板桥河　城西四百二十里，北流入红丹河。

石乙水　城西四百六十里，源出小白山，汇入红丹河。

石人沟　城西四百十里，源出红土山，南流入红溪河。

柳河　城西四百二十里，北流入红丹河。

朴河　城西南三百三十里，北流入土门江。

西豆水河　城西南五百二十里，源出长白山支峰，东流入土门江。

红溪河　城西三百四十里，源出无名小山，与红丹、西豆水汇合处即为土门江。

外六道沟　城西三百五十里，南流入土门江。

外五道沟　城西三百三十里，南流入土门江。

外四道沟　城西三百十里，南流入土门江。

刀淩河　城西四百六十里，北流入红丹河。

外马鹿沟　城西四百里，源出红土山，汇入红箕河。

土门江　又作图们，城西南五百里，源出长白山，东北流绕朝鲜界，又曲折东南，流经城西二十里，又东南流入于海。

光绪十八年二月

吉林物产

谷 类

谷 《明一统志》:谷,有名西番者,有名高丽者。西番谷,苗高如蜀黍,穗如蒲;高丽谷,火红色如鸡冠。今谷有大、小二种,最大曰沙谷;粒稍尖者,名芝麻谷。粱较谷米粒大,有黄、白、青、赤诸色。稷《礼记》谓之明粢,《明一统志》作穄,今呼糜子米,晚种早熟,边地尤宜。黍稷之粘者为黍,今呼大黄米,可酿酒。蜀黍种始自蜀,今呼高粱(粱),土人率多饭此。粟谷之最细而圆者为粟,俗呼小米。稗宜下湿之地,米最甘滑。元菽有黑黄二色,黄色者曰元豆,黑色者曰黑豆,可榨油。玉蜀黍茎叶似蜀黍,子藏包中,俗呼包儿米(苞米)。黏蜀黍其性粘,一种壳黄,一种壳黑,长可为帚。秫俗称小黄米。大麦即《诗》之牟,可为面,亦可作曲酿酒。小麦较大麦粒稍小,色洁白,性甘滑,可为面。荞麦伏种秋收,宜下湿地。薏苡俗名草珠子米,入药,曰薏苡仁。苏有紫、白二种,收子榨油,通行南省。脂麻俗呼芝麻,可榨油。蓖麻子俗呼大麻子,可榨油。火麻子可榨油,皮沤之为线麻。大豆古谓之菽,俗呼黑豆。小豆有鬶、白、青、黄、黑数种,赤者入药。绿豆粒粗而深绿者为上,粗润而淡绿者次之,性微寒。

豌豆《辽史》谓之回鹘豆，今有大、小二种，俗以此为蔬。蚕豆俗呼树豆，豆之中唯此无枝蔓。扁豆色亦不一，有红、白数色，白者入药。豇豆青可充蔬，秋成收子为豇豆。菜豆如扁豆而荚长，可为蔬。云豆种来自云南，俗呼六月鲜。

蔬　菜

韭菜　《礼》名丰本。山韭独茎一叶，郊野中生。葱春发名羊角，夏种为小葱，秋收为之甘葱。《金史·地理志》："海兰路贡海葱。"山葱郊野中生。蒜有紫皮、白皮两种。小蒜生田原中，俗呼小根菜。菘俗呼白菜，有黄芽、箭杆两种。芥菜有大、小两种，白芥子入药。芹菜水、旱两种，赤白二色。蕨菜茎色青紫，生山中。《诗》言"采其蕨"即此。菠薐菜俗呼菠菜。莴苣俗呼生菜。芸薹俗呼臭菜子，可榨油。马齿苋叶青梗赤，俗呼野苋菜。芫荽俗呼香菜。藕宁古塔境有莲花泡，产藕，色红味甘。秦椒生青熟红，味至辛。又一种结椒向上者，名曰天椒。茼蒿形气同于野蒿，亦可茹。蒌蒿《尔雅》作繁，今呼蒈蒿菜。大茴香本草作怀香。小茴香种自西域。苦荬断之有白汁，花黄似菊，俗呼曲马菜。《礼》"月令四月苦菜秀"即此。地肤俗呼扫帚菜，苗嫩可茹，老可为帚，子入药，名地肤子。蓼种类不一，花粉红，子生芽，可为茹。芋俗名芋头，又名地瓜，有红、白两种。灰藋俗名灰灰菜。萝卜圆而皮红者，为大萝卜；长而色白者，为水萝卜；色黄者曰胡萝卜。子入药，名莱菔子。山药本名薯蓣，亦可入药。红花菜一名山丹花。黄花菜一名金针菜。南瓜种来自南方。倭瓜种出东洋。越瓜种始自越，又名菜瓜。搅瓜形类倭瓜，而肉生筋丝，食时以筋搅取出之，似缕切者。壶卢即瓠瓜，长者名瓠，子圆者名壶卢，皆可为蔬，老而坚者可备器用。茄土产，旱茄色赤。甜浆菜生野中，叶长，色白，味甘。蘑菇产诸山中，生于榆者，为榆蘑；生于榛者，为榛蘑；生于枯木而色黄者，为黄蘑；又产于野而色黑者，为花蘑。木耳产诸山中，质厚味胜他产。石耳生山石上，一名灵芝，诸山中有之。龙须菜出海滨，状如柳根，须长尺余，俗呼麒麟菜。鹿角菜状如鹿角。海带俗呼为海白菜，又名东洋菜，产自海滨。昆布较海带稍细。

食货类

煤产诸山中，生者曰炸子，炼出浊烟者曰煤子，可代柴炭。硝产阿勒楚喀、乌拉街一带，碱土熬成，可备军需。蜜产诸山中，土人于树上凿窟养取。蜡有黄白两种。黄烟吉省土产，以此为大宗，通行内地。蓝靛取汁染布，花入药，名青黛。

宝藏类

金《契丹国志》："女直土产，有金银。"今三姓、敦化皆产金，而三姓苗尤旺，现拟设厂开采。银今珲春万宝山产，银苗甚旺，现在设厂开采。东珠出三姓东北混同、牡丹等江及海汊中，乌拉总管衙门专司捕采东珠。珠生于蚌蛤中，大者如酸枣，小亦如菽。采珠者岁以四月往，八月归，正月入贡。今以经费不充，停采。松花玉亦名松花石，出混同江边，玉色净绿，光润细腻，品埒端歙，可充砚材。

草　类

苘麻土人种之田中，以此为绳。苇土人以此为柴。矬草可治木器。羊草生郊野中，牛羊所饲。狼尾草以形似狼尾故名。章茅可苫屋。塔子头洼地丛生，形如小塔。小青草俗呼牛毛草。马兰草似蒲而小，花蓝五香，可染色，子入药，名蠡实。香蒲生水泊中，蒻如笋，可食；茸入药，为蒲黄。菖蒲生水泊中，俗呼臭蒲。水葱生水中，如葱而长，可为席，今织蒲扇。猫儿眼草叶纹如猫睛。乌拉草性极暖，土人以此裹足，垫牛皮乌拉以御寒。烟草冬可御寒，土人亦多食之。芸香草叶类豌豆而细，可以解蛊。星星草产山谷中。扁担草生田间，可饲马。水稗草生田间，取以饲马。黄背草可代章茅，亦曰黄茅。芦一名萑，《诗》"蒹葭苍苍"即此，生水中。莎草茎宜蓑笠，根即香附。老少年土人谓之老来变，一名十样锦。蘋浮生水面，陆地者为青苹。萍浮生水面，或云杨花所化。蓬土人呼之为蓬蒿。如意草一名箭头草，可疗治风症。葛藤蔓延山谷长至数丈，土人取以束物。菰俗呼茭草，春生笋，亦可茹。芄兰蔓生，叶绿，子长数寸。

木　类

松种类不一，诸山中最多，土人以结子者为果松；无子者为沙松；松脂多者为油松。依奇松生省北依奇甸子，质瘦劲少，枝叶色青如松，土人因以地名依奇松。黄蒿松生宁古塔石甸子上，枝叶如松。又有刺儿松，其松多刺。赤白松理细气香，木之贵者。柏诸山中多有之，柏叶皆入药。榆种类不一，有刺榆、花榆，皆美材。刺榆可为车轴；花榆理细，可为几案，备器用。香树长白山中最多，可焚以祭神。土人取以为香，岁以充贡。

柞树诸山中多有之，叶类桑。俗呼为山桑，可以养蚕。檀色紫赤，纹细润，可为车辕及箭竿。槐诸山中多有之，色青绿，纹细，可备器用，花入药，子可染色。小刺榆叶初生鲜可茹，结实名榆钱，亦可食，质细而坚，可作箭杆。桦树皮似山桃，有花纹，紫黑色，山中最多。省东北有桦皮厂，专产桦皮，可裹弓，木作箭杆，乌拉总管岁遣壮丁采取入贡。白杨皮白质直，可作箭杆，备器用。柳其质似杨，可备器用，柳条可编筐篓。又一种垂杨柳，其枝下垂。榉俗呼柜柳，大者可刳为舟。柽多产河畔，即赤茎柳也。花柜柳质坚致，可为枪杆。棘俗呼枣刺柳。桑种自江南，可养蚕。地寒，种者尚少。椴叶大，皮黑，纹细，微赤者曰紫椴。诸山人参多生椴树之下，椴皮可制绳、引火枪。楸类核桃树，其木可为枪杆。山核桃形似家核桃而长，壳坚厚，诸山中多有之。樗土人呼为臭椿。栲即山樗。栎亦柞类，土人多取为柴。黄杨山中最多，质坚可备器用。冻青寄生树上，叶圆子赤，凌冬不凋，青葱可爱。青刚柳山中多有之，亦柞类，可为弓。楝木理坚致，可作木碗、刀柄之用。荆条各江边最多，枝柔细，可为筐篓。山藤木之类，可为箭杆。楛色赤，可为矢，肃慎氏楛矢即此。明开夜合木一名金眼柳，木理细润，凌冬不凋。洛常《晋书》："肃慎氏有树名洛常，皮可为衣。"杜仲诸山中有之，皮入药。白樱木高五、七尺，坚致可为杖，其果红色，核麻而扁，仁入药曰蕤仁。亮木古木根茎所化，夜视有光，深山中有之。

花　类

杏花北地较寒，暮春始开。桃花有红、白、粉红诸色，唯种者少，地气寒故也。李花暮春始开，蕊细如雪。梨花暮春始开，花白如雪。长春花黄花烂漫，逐时开放。石榴花有红、白二种，结子如梧子大，惟所种者少。鸡冠花形如鸡冠，有红、白两种。秋海棠秋中始开，色亦娇艳。菊花十月始开，种类不一。荷花宁古塔及五常厅有之，六月始开。向日莲黄花大如碗，向日而转，亦名葵花。月季花逐月开放，惟红一种。水红花高者丈余，多生下湿地。芙蓉花夏初始开，色亦娇艳。芍药花诸山中多有之，惟白色者最多。江西腊花似菊花，色不一。玉簪花花白如玉，香气袭人。山胭脂花有红、黄、紫、白诸色，俗呼茉苊花。棠梨花色白，较梨花稍小。凤仙花俗呼指甲草，有红、白、粉红诸色，子入药。蜀葵花花色不一，俗呼黍菊花。罂粟花即大烟花，有红、白、粉红诸色。夜香花花色不一，夜开昼合。旋覆花色深黄，入药，亦名六月菊。牵牛花色不一，俗呼喇叭花，子入药。冻青花春夏始开，花紫色。绣球花丛生如球。金盏花黄花如盏。丁香有紫、白二色，生山原者，名野丁香。玫瑰俗呼刺梅花，山中最多，花皆单瓣，可入食品。牵枝牡丹花粉红色，俗呼串枝莲。高丽菊单瓣，色黄赤相间。

果品

松子诸山中最多，土人采取以为生计。榛子山中最多，香美甲于他省，经荒火后，土人采取以售。梨有白梨、牙儿梨二种，味皆甘美。杏诸山中多有之，味不及内地所产。桃色味俱佳，惟种者少。山楂二人呼为山里红。樱桃诸山中多有之，味亦甘。香瓜即甜瓜。西瓜有大、小二种，大者相传种自回纥；小者种自西洋，名炮子瓜，其熟最早。李有红、黄二种，味极甘脆。山定子俗呼小山里红。花红俗呼海棠果，色红味甘。芡实五常厅境莲花泡产此,味极厚,亦可入药。棠梨即杜梨,味甘酸不一。菱有两角、三角、四角者,但所产甚稀。葡萄园产者大而味佳,有紫、碧、圆、长之别;山产者小而味酸,有黑、白二种。蒩梨伯都讷有蒩梨场产此,蜜饯入贡。枸奈子味酸色红。苹果种来自南方,花粉红色,果红碧相间。沙果似苹果而小。山核桃形似核桃而长,壳坚厚,肉味颇胜。桑椹味甘酸,色紫黑。伊尔哈穆昆出宁古塔,形类樱桃,味甘酸,俗呼高丽果。蜜孙乌什哈出宁古塔,形类樱桃,味甘酸。灯笼果外垂绛,囊中含赤子如朱樱,俗呼红姑娘。锦荔枝俗呼癞葡萄,深黄色,弃皮取瓤,味甘脆。龙葵果小而圆,亦名天茄。欧李子出宁古塔,实如小李,味酸涩。托盘实如桑椹而短,色红味甘酸,过夜即化为水。

药 类

人参诸山中皆产,多生椴树之下,群草拱护。采参者夏初进山,霜后出山。省中设有官参局,岁时采取入贡。茯苓生松树下,抱木者为茯神,诸山中多有之。细辛一名少辛,通行各省。五味子《尔雅》谓之"荃蕏",各处皆产,子少肉厚。茱萸诸山中皆有之,亚于吴产。黄精久服之可益寿。初生苗,土人采食之,名笔管菜。玉竹似黄精而苗小,俗呼小笔管菜。赤芍药即芍药根,诸山中最多,佳于他处所产。金线重楼出长白山,亦名柴河车。艾随处皆有,气味颇胜。百合根如蒜头,有瓣,产诸山中,形如鸡心。百合而味甘不苦。车前子多生道旁,布叶如轮,俗呼车轮菜。兔丝子生豆田中。甘草诸山中多有之。桔梗古名荠苊,即杏叶菜。地丁有紫、黄两种。木通一名通脱木。荆芥随处皆有,圆穗者曰荆芥;扁穗者曰假苏。牛蒡子叶可为火绒。商陆即易之苋陆,随处皆有。黄芩中实者为条芩，虚者为枯芩。远志苗名小草。透骨草产诸山中。贯众一名凤尾草，入药用根。石韦生诸山中石上。地榆生于平原旷野，花可染色。防风诸山皆产，甲于他省。石决明《宋会要》："新罗出石决明"。今诸山中皆有之。薄荷多生野中，而香味不及内地所产。升麻又有一种曰绿生麻。丹参色紫味苦，产山谷阴处。独活一类二种：色黄节疏者为独活；色紫节密者为羌活。王不留行花如铃铎，实如灯笼，壳五棱，多生麦地。老鹳嘴入药治风，亦可染皂。葳灵仙俗呼铁脚。紫草产诸山中。蒺藜蔓生野地。木贼与麻黄同形，诸山中亦产麻黄。茺蔚俗名益母草。大小蓟生田原中。麦冬诸山中皆有之。黄芪荒山旷野皆有，长者如箭，名曰箭芪，通行各省。地骨皮即枸杞子根。金银花花黄、白二色，一名忍冬。茵陈味似蒿，随处皆有之。

禽　类

鸡有食鸡、角鸡二种。雉俗呼野鸡，旷野最多，冬月群飞，土人围捕以食，味肥美。鹄俗呼天鹅。鸭亦名鹜。野鸭性喜水，凡江汉、河汉中多有之。鹅味极肥美，土人多畜养之。蒲鸭大于野鸭，色黄。树鸡俗呼沙鸡。鹤瘦头，朱顶，长颈，高脚，一名仙禽。鹑性喜斗，土人呼为鹌鹑。黄鹂俗呼黄雀。鹳水鸟，有黑、白二种，羽为箭翎。鸦俗呼山老鸦。鹊俗呼喜鹊。鸳鸯形如小鸭，止则相偶，飞则成双。鸥其性好浮，形如白鸽。鹰种类不一，诸山多有之。雕似鹰而大，色黑者曰皂雕；有花纹者曰虎斑雕；黑白相间者曰接白雕；小而花者曰芝麻雕。羽宜箭翎。海东青亦名海青，雕之最俊者，身小而捷，能擒天鹅。鱼鹰大于鸦，色黑，钩嘴，食鱼。

鸢鸲类，亦名鹞鹰。燕土人呼善巢者为巧燕，不善巢者为拙燕。鸽依人鸟也，俗呼鹁鸽，土人多畜养之。鸠毛色不一，通呼斑鸠。《礼·月令》："仲春之月，鹰化为鸠。"长尾者，一名布谷。雀依人小鸟，俗呼家雀。铁背雀大于家雀，灰色，尾分两白翎。红料色红善鸣。白眼雀目有白圈。白翎雀雀类不一，青黄色，翎白，春北秋南。白翎雀穷冬严寒，不易其处。靛雀色如靛。蒿雀多伏蒿间，俗呼蒿溜儿。黄肚雀俗呼黄肚囊。拙老婆颔下红色。画眉似莺而小，黄黑色，善鸣，其眉如画，山林中多有之。三道眉其眉似分三道。鸱其头如猫，昼目无见，夜则鸣，俗呼夜猫子。千里红顶有红毛，喜食苏子，俗呼苏雀。蝙蝠昼伏夜飞，粪入药，即夜明砂。孤顶类乌鸦，身黑嘴白。蜡嘴（啄）〔喙〕如黄蜡，畜之可玩。莺尾长嘴红，似鹊，而有文采。铁脚雀之大者，爪坚如铁。

兽　类

牛《五代史》："女真地多牛、鹿、野狗。"今土人多畜之，以纯黑者为祭祀。伯都讷、农安等处多产乳皮，即以牛乳为之者。牛黄牛食异草则生黄，所产甲于他省。马长春、农安多出名马，皆蒙古人畜养之者。驼俗呼骆驼，食少，任重而行速。羊《北盟录》："女真多牛羊。"今土人多畜之。豕《北史·勿吉传》："其畜多猪。"今土人多畜之，运赴直省售卖，曰边猪。犬犬类不一，三姓之犬极健有力，能驾扒犁载物。猫性善捕鼠，又有野猫居山谷中，俗呼山狸子。赤狸似野猫，年久毛色变豹纹。野马三姓东北赫斤地方多产此。山羊生山中，似羊而大，皮灰黑色。野猪诸山中多有之，有重至千斤者。密狗生山中，嘴尖如狗，尾黑色。虎诸山中皆有，虎骨熬为膏，入药。豹似虎而小，白面、团头，色白者曰白豹；黑者曰乌豹；纹圆者曰金钱豹，最贵重。**熊**罴小者曰熊，大者曰罴。今山中熊类不一，有人熊、猪熊、猴熊、狗熊诸名。**鹿**夏至解角生茸，角可熬膏入药。又鹿筋、鹿肉土人皆珍之。有花纹者曰梅花鹿。**马鹿**形大如马，山中极多。**驼鹿**出宁古塔、乌苏里江。颈短，形类鹿，色苍黄无斑，项下有肉囊，如繁缨。**狍獐**类，色苍赤，诸山中最多。**狼**皮毛青白者贵。**獐**鹿属，无角，一名香獐，喜食柏子。脐血入药，名麝香。**豺**足似狗，瘦如柴，性猛，善逐兽。**獾**似狗而矮，皮宜袍褥。**猞猁狲**类野狸而大，有花斑，毛极长厚。**狐**色赤而大，毛极温暖。又玄狐，色黑，毛极暖，最贵重。又一种青狐，名倭刀。**貉**似狐，色黄黑，毛粗。**沙狐**生沙碛中，身小色白，腹下皮集为裘，名天马皮。**貂熊**大如狗，紫色，出宁古塔。**貂**诸山中多有之，惟三姓所产最佳，色黄，毛极洁润，咸贵重之。**貂鼠**《金史·地理志》："大定府产貂鼠。"今诸山中多有之。皮甚轻暖，惟毛色不及貂洁润。**银鼠**产诸山中，毛色洁白，皮御轻寒。**鼬鼠**一名骚鼠，诸山中多有之，可为冠。**鼫鼠**俗呼豆鼠，多在田间。**灰鼠**诸山中多有之，以有芝麻点为佳。**松鼠**通身豹纹，苍黑色，大尾，喜食松子。**蝟**脚短尾长，俗呼刺蝟，皮入药。**艾虎**鼠类，能扑鼠。**白兔**多生郊原中，色纯白。

水族类

鲟鳇鱼形类鳠蝗鱼，而味次之。鼻细白，大者不过六尺，岁以入贡。**鳟鱼**俗呼遮鲈鱼，大者五尺，口有牙，细鳞，味极鲜美，岁以入贡。**细鳞鲅鱼**身有花纹，刺少。大者不过二尺，味极美，岁以入贡。**翘头白鱼**

身扁，色白，鳞细，味极鲜，岁以入贡。细鳞白鱼形似翘头白鱼，而鳞细，岁以入贡。草根鱼形似鲤鱼，淡黑色，岁以入贡。鲤鱼大嘴，顺鳞，长者二尺余，岁以入贡。鲍季鱼俗呼鳜花鱼，身有花纹，腰上有刺十二道，肉极厚，岁以入贡。淮子鱼头扁嘴大，尾细无鳞，大者丈余。鳣鳇鱼嘴尖长，无鳞，大者八尺以上，味肥美，入贡。牛尾鱼出混同江，大者丈余，重二三百斤，无鳞。狗鱼大者三四尺，嘴卷，牙如狗牙。鳝头鱼头大鳞细，味肥美。鳊花鱼身扁而宽，大者二尺，形似鲂鱼。方口鳝头鱼大者不过三尺，产自海边，皮可为衣。干鲦鱼嘴尖身圆，鳞细刺多，大者五尺余。鲇鱼形似淮子鱼而小，大者不过二尺。重唇鱼鳞大色赤，鱼唇极厚。鲫鱼味鲜刺多。泥鳅鱼形类蛇而短，头尖无鳞。黑鱼形似草根鱼，色黑而杂，口有牙。发绿鱼形似鳊花鱼，色黑而大。赤稍鱼身白翅红，俗呼红尾鱼。江獭出混同江，形似狗而小，长尾，色青黑，可为冠。虾出珲春海边，去壳曰海虾米。大者长数寸，通行各省。蟹出珲春海边，俗呼海螃蟹。蛙俗呼田鸡。山蛤似虾蟆而大，腹黄红色，俗呼哈什蟆，即其油也，岁以充贡。海参出珲春，海参崴，味肥美，甲于他省。达发哈鱼出宁古塔诸江中，鱼子大如玉蜀黍。乌库哩鱼出宁古塔，四五月时自海迎水入江。倒鳞鱼出省东龙潭山顶潭中，鳞皆倒生，相传以为龙种。海狗出珲春海边，兽身兽头，鱼尾有斑纹，肾入药，名温肭脐。海豹出混同江中，形大头如马者，曰獱獭；皮纹有花点者，曰海豹。蚌蛤形长曰蚌，圆曰蛤，诸江中多有之，内产明珠。蛎黄出海边，肉名砺黄，壳即牡蛎。龙骨产诸江岸，数尺下恒有之，入药。

虫豸类

蜂产诸山中，俗呼蜜蜂，土人于山中大树挖窟养之，以取蜜。乌拉总管岁以入贡。蚁种类不一，俗呼蚂蚁。蟋蟀似蝗而小，秋后则鸣。又一种灶马，形似蟋蟀，喜穴灶。螳螂《礼·月令》："仲夏螳螂生，深秋乳子作房著树枝，是为螵蛸。"蝶形色黄白，大小不一，皆虫所化。山中最多，有大如掌者。蚓俗呼曲蟮，白头者入药。蜻蜓六足四翼，群飞水际。蚊吉省地寒蚊尚少，惟夏令山中间有之。蛇种类不一，多生山中。瞎虻生山中，夏月最多。酷啮牛马，行人苦之。蝇其声如翼，牡者，腹大生蛆。蜈蚣生山原草泽间，长者二三寸，最毒。马蚿一名百足，俗呼多脚虫，深山丛树间，有之。蜘蛛大者为蜘蛛，小者为蟢子。蝉种类不一，入秋始鸣。蟑螂黄色六足，蚕生室中，炕壁间最多。

光绪十八年二月

学　校

吉林府

儒学在府城东南隅，乾隆七年，知州魏士敏初建，五十五年毁于火，将军林宁重建。嗣是屡经增修，惟名宦、乡贤两祠议建，教授署在明伦堂后。

长春府

儒学在府城东南隅，同治十一年，抚民厅通判率绅商捐建。

伯都讷厅

儒学在厅城东南隅，同治十三年绅民捐建。

双城厅

儒学在厅城东南隅，旧由旗署捐建。

五常厅、宾州厅、伊通州、敦化县、农安县五属，儒学议建。

吉林各府、厅、州、县义学、书院

吉林府义学三，共二十三斋。光绪七年，将军铭安设崇文书院并考棚。同治九年，将军富明阿建吉、江两属生童襄赴奉天考试，至是岁、科两考，奉天学政案临考取，黑龙江附焉。伊通州义学一、启文书院一，均光绪十一年建设。长春府义学一、养正书院一，均光绪十年建设。伯都讷厅种榆书院一，同治十三年建。宾州厅义学一，分为二斋：一曰穷理，一曰居敬，光绪十一年署厅知县毓斌设。双城厅社学一，光绪十年设。

入学名数

同治十三年以前，长春、伯都讷学额附于吉林取进，是年分设专学，考取吉林府学额八名，长春府六名，伯都讷厅四名。光绪八年，新设五常厅二名，宾州厅二名，双城厅二名，伊通州二名，敦化县二名，农安县二名。吉林府廪额四名，增额四名，五年一贡，十二年拔贡一名。长春府廪额四名，增额四名，五年一贡，十二年与伯都讷厅合拔贡一名。伯都讷厅廪额二名，增额二名。各属考取武生数半之，惟五常厅、宾州厅、双城厅、农安县如文学额满，合字号童生与民童一体考试。满字号学额三名，合字号学额二名，均除定额外，每五六名考取一名。武学无额，每五六名考取一名。满字号廪额二名，增额二名，合字号廪额二名，增额二名，五年一贡，十二年拔贡一名。

八旗文庙、官义学、书院

　　吉林满官学二，汉官学二，翻译学一，蒙古官学白山书院一。嘉庆十九年，将军富俊建义学一、乌拉官学一、义学一。乾隆三十年，乌拉总管索柱设宁古塔城文庙，在城东南隅，康熙三十二年建官学一。伯都讷城文庙在城东南隅，道光十年建官学一。三姓城文庙在城东南隅，官学、义学各一。阿勒楚喀城、珲春城、拉林、五常堡、双城堡，官学各一。

光绪十八年二月